8° F
24869

AF468814

GUIDE PRATIQUE

DE

L'EMPLOYÉ D'OCTROI

NOTIONS GÉNÉRALES SUR L'OCTROI
ORGANISATION ET FONCTIONNEMENT DE L'OCTROI
OBLIGATIONS DES CONTRIBUABLES
A L'ENTRÉE DES VILLES SUJETTES A L'OCTROI
COMPTABILITÉ DES OCTROIS
CONTENTIEUX
CONTROLE ET VÉRIFICATION DES DÉCLARATIONS

POITIERS
LIBRAIRIE ADMINISTRATIVE P. OUDIN
rue Saint-Pierre-le-Puellier, 22

—

1914

Guide de l'Employé d'Octroi

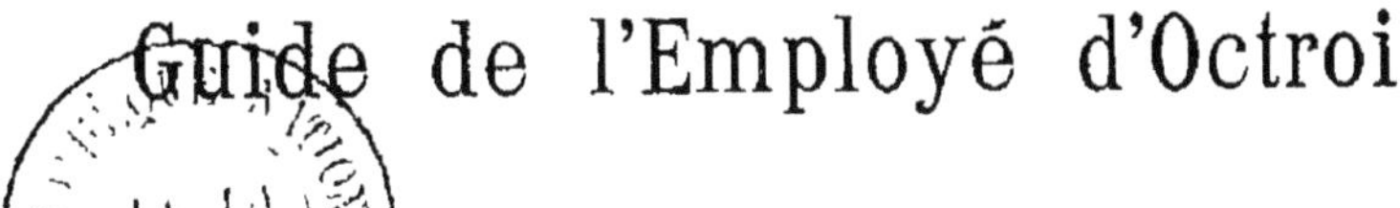

NOTIONS GÉNÉRALES SUR L'OCTROI

ORIGINE DES OCTROIS

Les *octrois* sont des impôts que les communes sont autorisées à percevoir sur certains objets destinés à la consommation locale, pour faire face à leurs dépenses.

Les octrois existaient déjà sous l'ancien régime ; ils furent supprimés par l'Assemblée constituante (1791), au grand détriment des communes, qui se trouvaient privées des ressources indispensables aux services dont elles ont la charge. Les octrois furent rétablis, à Paris d'abord, puis dans quelques autres communes, et enfin d'une façon générale, par les lois du 27 vendémiaire an VII, 27 frimaire et 5 ventôse an VIII.

Les octrois sont, par leur nature, de véritables contributions indirectes, perçues au profit des communes, au lieu d'être perçues au profit de l'Etat. Il ne faut pas les confondre avec les *droits d'entrée*, qui sont établis, au bénéfice du Trésor public, sur l'alcool et les liquides assimilés à l'entrée des villes d'une population de 4.000 âmes et au-dessus. Au surplus, les préposés de l'octroi assurent la perception de ces droits d'entrée en même temps que celle des taxes communales.

CRÉATION DES OCTROIS

La création des octrois, la fixation des tarifs et leur suppression rentrent dans les attributions des conseils municipaux. Les délibérations de ces assemblées tantôt sont souveraines et tantôt sont soumises à l'approbation de l'autorité supérieure.

Les délibérations qui ont pour objet d'établir des octrois dans les communes qui en étaient jusque-là dépourvues, d'augmenter ou de proroger les taxes pour plus de cinq ans, doivent être approuvées par un décret du Président de la République, après avoir été soumises au conseil général du département, ou, dans l'intervalle des sessions, à la commission départementale.

La même approbation et les mêmes formalités sont nécessaires pour les délibérations qui édictent les règlements relatifs à la perception des droits d'octroi, qui modifient ces règlements ou le périmètre dans lequel les droits sont perçus, ou qui concernent les objets suivants : assujettissement à la taxe d'octroi d'objets non encore imposés au tarif local ; — établissement ou renouvellement d'une taxe non comprise dans le tarif général annexé au décret du 12 février 1870 ; — établissement ou renouvellement d'une taxe dépassant le maximum fixé par ce tarif.

La délibération du conseil municipal est exécutoire par elle-même, sans qu'aucune approbation soit nécessaire, lorsqu'elle proroge des taxes pour une période n'excédant pas cinq ans et que les taxes ne dépassent pas le maximum fixé par le tarif général et portent uniquement sur les objets qui y figurent.

Les délibérations portant suppression ou diminution de taxes d'octroi doivent être approuvées par le préfet, après avis du Conseil général ou de la Commission départementale.

En cas de suppression d'octroi, des dispositions doivent être prises au profit du personnel licencié.

TARIFS D'OCTROI

Les tarifs d'octroi varient avec les localités. Toutefois, le décret du 12 février 1870, comme nous l'avons dit tout à l'heure, contient un tarif général, qui donne la nomenclature des divers objets susceptibles d'être soumis à l'octroi. Ces objets sont répartis en six catégories : *boissons et liquides* ; — *comestibles* ; — *combustibles* ; — *fourrages* ; — *matériaux* ; — *objets divers*. Pour chaque article, le tarif détermine une taxe maximum, d'après la population des communes, divisées en six classes. Au surplus, les limites posées par ce tarif ne sont pas infranchissables. On a déjà vu à quelles conditions on pouvait soit élever les taxes au-dessus des maxima qu'il a fixés, soit taxer des objets non compris dans sa nomenclature. Mais le tarif ne peut comprendre que des objets destinés à la consommation locale, et il ne doit pas s'appliquer à des choses dont la loi a expressément prohibé la taxation.

La loi du 29 décembre 1897 a interdit, pour l'avenir, d'établir des taxes sur les boissons dites hygiéniques : vins, cidres, poirés, hydromels, bières, eaux minérales ou d'augmenter celles qui existent.

La loi précitée a autorisé les Communes à supprimer ces taxes. Celles qui n'ont pas usé de cette faculté ont dû les réduire dans une proportion déterminée au plus tard le 31 décembre 1909.

Pour remplacer les taxes supprimées ou réduites, il est permis aux communes d'établir des *taxes de remplacement*, sous la réserve de l'approbation du préfet. Les mesures prévues par la loi sont : 1° l'élévation du droit d'octroi sur l'alcool ; 2° l'établissement à la charge des commerçants de boissons d'un droit de licence municipal, s'ajoutant à celui qui est perçu pour le compte du Trésor ; 3° l'établissement d'une taxe sur les vins en bouteilles ; 4° la création de taxes égales à celles qui sont déjà perçues sur les chevaux et voitures, les billards, les cercles et les chiens.

Les communes peuvent également établir d'autres taxes directes ou indirectes que celles qui sont formellement prévues, mais elles doivent alors être autorisées par une loi.

La loi de 1897 a, d'ailleurs, permis aux communes d'établir les taxes de remplacement, non seulement pour dégrever les boissons hygiéniques, mais aussi, une fois ce dégrèvement obligatoire accompli, pour supprimer les taxes portant sur d'autres objets, ou même pour supprimer complètement leurs octrois.

PERCEPTION DES DROITS ; SES DIVERSES FORMES

Les communes recourent à différents procédés pour la perception de leurs taxes d'octroi. Ce sont :

1° *La régie simple.* La régie simple est la perception de l'octroi sous l'administration immédiate du maire.

2° *La régie intéressée.* La commune traite avec un régisseur, qui assure la perception, moyennant un prix fixe et une portion déterminée dans les produits.

3° *La ferme.* La commune donne à bail à un fermier le droit de percevoir les octrois, à ses risques et périls, pendant une certaine période, moyennant le paiement d'une somme annuelle. Cette somme est fixée par voie d'ajudication. C'était là un système fort usité, avant la Révolution, pour la perception des impôts de l'Etat. Il avait donné lieu à bien des abus. Il n'en reste plus aujourd'hui que cette seule application possible.

4° *La perception par l'Administration des contributions indirectes.* Les communes peuvent aussi traiter avec l'Administration des contributions indirectes, qui se charge alors d'opérer les perceptions. La convention intervenue entre la commune et l'Administration a pour but de fixer le traitement des agents et de régler les frais de perception. Il doit être approuvé par le Ministre des Finances.

LIMITES DE L'OCTROI

Les limites du territoire auquel la perception s'étend doivent être indiquées par des *poteaux*, portant ces mots : *Octroi de...* (*Art. 26 de l'ord. du 9 déc. 1814.*)

Cette disposition est une mesure d'ordre public et de police générale qui n'admet pas d'exception, quel que soit le mode sous lequel les octrois sont régis. (*Cass., 22 fév. 1811.*)

L'absence de poteaux indicateurs des limites exclut la contravention. (*Cass., 2 mai 1862.*)

Il en est ainsi du moins pour les parties du territoire autres que le lieu principal qui ne sont soumises à la perception qu'en vertu d'une délibération du conseil municipal dûment approuvée. *Cass., 18 mai et 14 déc. 1877 et 9 juill. 1892.* En effet, l'existence des bureaux d'octroi au lieu principal avertit le contribuable qu'il doit déclarer les objets soumis aux droits et il ne peut se prévaloir de l'absence de poteaux. *Cass., 12 janv. 1907.*

La détermination très précise des limites de l'octroi, l'indication des points où seront placés les poteaux, et, s'il y a lieu, celle des routes et abords que le conducteur devra suivre, telles sont les dispositions spéciales que les conseils municipaux ont à établir dans les projets de règlements qu'ils votent. *Art. 147 de la loi du 28 avril 1816 ; circ. M. F. aux préfets du 9 mai 1823.*

Chaque bureau d'octroi est indiqué par un tableau portant ces mots : « *Bureau de l'Octroi.* » (*Ordonnance du 9 décembre 1864, art. 27.*)

Les règlements et tarifs doivent être affichés à l'intérieur et à l'extérieur du bureau d'octroi de perception.

ORGANISATION ET FONCTIONNEMENT DE L'OCTROI

PERSONNEL

Dans les villes où le produit de l'octroi atteint ou dépasse 20.000 francs, la surveillance générale du service peut être confiée à un *préposé en chef* qui est nommé par le préfet sur la présentation d'une liste de trois candidats dressée par le maire, et après avis du directeur des contributions indirectes.

Le préposé en chef est censé faire partie du cadre de cette dernière administration avec le rang d'employé supérieur. Il a droit à une pension civile de l'Etat.

Le traitement des préposés en chef est, en cas de création d'emploi, fixé par le ministre des finances sur la proposition du conseil municipal ; il en est de même pour les réductions de traitement.

Les élévations de traitement sont approuvées par le préfet, après avis du directeur.

Les préposés en chef ne peuvent être admis à la retraite révoqués ou même suspendus que par le ministre des finances, sur la proposition du préfet ou du directeur général des contributions indirectes.

Les demandes de congés, avec ou sans retenue, formées par les préposés en chef, sont, après que le Maire et le Directeur des Contributions indirectes ont exprimé leur avis, remises par ce dernier au Préfet, qui les transmet à l'Administration avec ses observations. (*Circ. n° 369 du 11 avril 1855.*)

Le Directeur général des Contributions indirectes statue, par délégation du ministre, sur les demandes de congé, avec ou sans retenue, ne dépassant pas la durée d'un mois. (*Arr. M. du 8 juillet 1895.*)

A défaut de préposé en chef, l'agent qui dirige le service prend en général le titre de *préposé principal*, il n'a pas le double caractère du préposé en chef.

Le préposé en chef, dans les villes importantes, est assisté d'un ou de plusieurs *contrôleurs* et de brigadiers qui vérifient et arrêtent les registres des receveurs, et qui règlent l'ordre de service.

Des *brigadiers* s'assurent que les *receveurs* et les *préposés-surveillants* sont à leur poste, se tiennent en éveil et remplissent leur devoir.

Un *receveur central* est chargé du service des entrepôts.

Chaque bureau est dirigé par un *receveur* qui opère les perceptions, exerce la surveillance et les vérifications avec le concours de *préposés-surveillants* commissionnés ou stagiaires.

On accède à ces divers grades par l'ancienneté ou au choix.

Pour être admis comme préposé surveillant, il faut subir un examen élémentaire d'écriture, d'orthographe et de calcul.

Les nominations sont faites, dans chaque arrondissement, sur la présentation du Maire, par le Préfet ou le Sous-Préfet.

Devoirs des employés d'octroi.

Contrôleurs. — L'action des contrôleurs embrasse toutes les parties du service. Ils vérifient article par article, en variant les heures de leurs visites, les registres de perception, passe-debout, transit et sortie, rapprochent les consignations des registres BB.

A chaque arrêté ils arrêtent les registres de perception, signent et certifient les feuilles de versement mod. G *bis*. A la fin du mois ils vérifient et visent le bordereau mensuel modèle H.

En vue de prévenir les changements susceptibles de se produire après leur passage, les contrôleurs doivent ouvrir un carnet personnel de garantie sur lequel ils relèvent le produit de chaque arrêté par bureau. Additionnant les arrêtés partiels, ils ont ainsi, au dernier arrêté, la recette du mois, sans avoir besoin de se reporter aux antérieurs. Il y a là une garantie pour le vérificateur et une diminution de travail au moment des arrêtés mensuels.

Ils établissent, au moins une fois par mois, une situation de caisse dans chaque bureau, en ayant soin de se faire représenter les fonds avant toute vérification d'écriture et en rapprochant ensuite les quittances du receveur municipal et celles du receveur principal de la minute de la feuille G *bis*.

Ils doivent coopérer par épreuves au service des recensements dans les entrepôts, et se procurer des quittances, des expéditions d'octroi et de régie et vérifier si elles sont conformes aux enregistrements.

C'est généralement le plus ancien qui règle l'ordre de service.

Receveur central. — La recette centrale se compose d'un receveur et de commis aux écritures.

Le receveur, chef de bureau, a la responsabilité du service. Il est chargé de préparer les avertissements aux redevables, de les envoyer, et d'effectuer toutes les perceptions de droits constatés chez les négociants de l'intérieur, d'en délivrer quittance. A cet effet, il n'a qu'à suivre l'état de produits de la Régie et le carnet des manquants d'octroi.

Il encaisse le montant des abonnements. Les quittances sont extraites du registre A Il sert le registre K *bis*, destiné à l'enregistrement des recettes accessoires de l'octroi opérées directement par ses soins. Par recettes accessoires, on doit entendre les enregistrements ne se rapportant pas à des sommes payées par les contribuables, c'est-à-dire ceux ayant pour objet des recettes provenant soit de saisies, pour la part de la commune dans les procès communs aux deux services, régie et octroi, ou pour celle des préposés d'octroi, soit de toute autre cause.

En ce qui concerne les sommes payées par les contribuables, le timbre de 10 centimes est détaché de la souche. Relativement aux autres perceptions, le timbre reste à la souche si les sommes encaissées sont inférieures à 10 francs ; si, au contraire, il s'agit de sommes supérieures à 10 francs, le timbre reste à la souche, mais il est remplacé sur la quittance par le timbre mobile de 10 centimes créé par la loi du 23 août 1871.

Lorsque les versements comprennent la part des communes avec ou sans allocation pour les agents verbalisants, le timbre de 25 centimes établi par la loi du 8 juillet 1865 est substitué à celui du registre K *bis*.

Le receveur central sert le registre de caisse pour les opérations qu'il effectue pour le compte du receveur municipal (appointements, remises et répartitions). Il tient le registre des avances qu'il fait sur sa caisse (avances judiciaires, avances ordinaires). Aucune avance ne doit être effectuée sans la production de pièces justificatives de la partie prenante. Lorsqu'il s'agit de paiements supérieurs à 10 francs, le mémoire à remettre par le fournisseur doit être établi sur feuille de papier timbré de 60 centimes. Il sert les registre B, C, D, DD. N.

Il procède à l'arrêté mensuel de ces divers registres. Il dresse les relevés des déclarations d'entrepôt pour les bestiaux aux divers comptes et annote les sorties concernant ceux de ces bestiaux envoyés hors octroi. Il classe les bulletins DD, qui sont portés ensuite en décharge aux comptes des entrepositaires. Le receveur central sert un registre des arrêtés tous les cinq jours, indispensable, à notre avis, pour le contrôle des feuilles G *bis*.

Les versements des recettes d'octroi sont effectués aussitôt après les arrêtés, c'est-à-dire tous les cinq jours, et plus souvent s'il y a lieu, au receveur municipal qui délivre en échange un reçu détaché de son registre à souche. C'est encore le receveur municipal qui est chargé de payer les frais de perception. Ces paiements doivent faire préalablement l'objet de la délivrance d'un mandat spécial du maire autorisant le paiement. Dans la pratique, ces paiements sont effectués, sur autorisation du receveur municipal, par le receveur central qui remet au premier, comme numéraire, les mandats du maire appuyés des pièces justificatives de paiement.

En échange de ces pièces, le receveur municipal remet chaque fois au receveur central un état R dont les indications sont reproduites sur le bordereau Q.

Le receveur central reçoit des mains du receveur principal, en fin d'année, l'état n° 34 (comptabilité) présentant le montant des remises allouées par l'Administration des Contributions indirectes aux préposés d'octroi pour la perception des droits dus à la Régie. Ces sommes font l'objet d'une quittance du registre K *bis*. Le timbre doit rester à la souche et on appose sur ladite quittance un timbre mobile de 10 centimes. Le maire dresse un mandat spécial pour la répartition de la somme ainsi payée par la Régie. Après paiement aux employés, et sur émargement individuel, mandat et état 34 sont versés au receveur municipal en échange d'une quittance de son registre à souche.

Le receveur central tient les registres de la comptabilité des tickets et des amendes ainsi que celle des timbres. Il doit y avoir concordance absolue entre le 79 B produit par le receveur principal et le registre 33 tenu par le receveur central ; il est chargé du matériel et distribue entre les bureaux les registres, impressions, instruments et ustensiles servant à la perception. Il est responsable, en ce qui concerne les impressions timbrées, vis-à-vis du receveur particulier des contributions indirectes.

Il dresse les états de répartition des saisies et amendes, modèles P et P *bis*, le bordereau de versement à la recette principale, du produit des décimes modèle S *bis*. Il dresse, en fin de mois, le bordereau H de son bureau et le bordereau récapitulatif de l'octroi modèle Q.

Il débite aux entrepositaires autorisés des registres DD, contre paiement immédiat du coût de la totalité des timbres. Le montant en est versé à la recette principale à chaque arrêté de régie.

Le service des inventaires est assuré par un ou plusieurs commis aux écritures, sous la direction d'un brigadier spécialement affecté, et à tour de rôle, à ce service particulièrement important.

Brigadiers. — Le rôle du brigadier est tout de surveillance et de vérification. Il visite tous les points du périmètre, veille à ce que les vérifications se fassent avec exactitude et attention ; il s'assure que les employés ne s'écartent jamais des égards dus au public et aux contribuables, et qu'ils n'abusent pas de l'ignorance des redevables pour les constituer en contravention.

Chargé principalement de veiller à l'exécution des ordres, le brigadier doit, sans se laisser jamais guider par les affections ou les inimitiés personnelles, signaler avec la même impartialité les employés qui se distinguent par leur zèle, leur intelligence, et ceux, au contraire, dont la paresse et l'indifférence seraient de nature à leur attirer des reproches et des punitions. Impartialité, fermeté pour tous, sont deux conditions nécessaires pour se faire aimer et respecter sans affaiblir son autorité, et la justice et la modération doivent toujours guider le brigadier dans ses relations avec le personnel comme avec les contribuables.

Receveurs. — Les receveurs doivent percevoir les droits sur tous les objets qui passent devant leurs bureaux, si minimes que soient ces droits. Cette perception doit comprendre l'intégralité des sommes, centimes compris. Mais dans la pratique, on se borne à recevoir les paiements sans fractions de 5 centimes, en négligeant 1 et 2 centimes et en forçant à partir de 3 centimes.

La perception doit être faite au comptant. Tout crédit est interdit.

Dépositaires des recettes de l'octroi et du Trésor, les receveurs ne doivent avoir qu'une seule caisse. Ils ne peuvent mêler cet argent avec aucun autre et n'en distraire aucune partie, si minime soit-elle, pour leurs besoins particuliers, même avec la certitude de la remplacer avant l'époque du versement. Les écritures doivent être constamment à jour ; l'émargement des passe-debout et la classification des recettes doivent faire l'objet de toute leur attention.

Chargés de diriger dans leurs travaux les préposés placés sous leurs ordres, les receveurs doivent donner l'exemple de l'activité et de la discipline. Ils doivent autant que possible participer aux vérifications des chargements ; montrer aux employés comment elles doivent être faites ; s'assurer qu'ils les font avec exactitude et convenance ; leur indiquer les heures et les lieux où la surveillance doit s'exercer dans un rayon plus étendu, et la durée de cette surveillance. De leur côté, les préposés doivent obéir avec soumission à tous les ordres qu'ils reçoivent des receveurs et ne jamais s'écarter de la politesse qui est due au contribuable de tout rang.

Entre employés de tous grades, il faut de l'accord, de l'union, des égards réciproques et éviter avec le plus grand soin toute querelle entre camarades.

Il faut aussi de la tenue : tenue dans le vêtement, tenue dans le maintien, dans le geste, tenue dans la parole ; c'est là, en effet le meilleur argument de l'employé d'octroi vis-à-vis du contribuable qui presque toujours est correct et poli lui-même s'il est interrogé par un fonctionnaire correct dans sa personne et dans ses manières.

Préposés surveillants. — Les employés devront interpeller les introducteurs à leur passage devant les bureaux d'octroi ; ces interpellations devront être faites d'une façon polie, par la formule d'usage : *Avez-vous quelque chose à déclarer* ? ou : *Rien de soumis aux droits d'octroi* ? On aura soin d'énumérer différents articles mentionnés au tarif.

Après la *déclaration*, on procédera à la *vérification* qui devra se faire le plus rapidement possible, afin d'éviter des retards et des réclamations de la part des contribuables.

Lorsqu'il devra être fait usage de la *sonde*, on demandera aux conducteurs si le chargement contient des objets susceptibles d'être endommagés. L'employé d'octroi qui passerait outre s'exposerait à la destitution.

On ne tirera aux futailles que les quantités de liquide nécessaires pour en reconnaître l'espèce et le degré.

Des surveillances sur les limites du rayon de l'octroi (passages non gardés) pourront être effectuées afin de montrer aux fraudeurs que le service est toujours en éveil. Les préposés d'octroi doivent toujours être porteurs de leur commission. (Art. 60 de l'ord. du 9 décembre 1814.)

Le port d'armes est accordé aux préposés d'octroi dans l'exercice de leurs fonctions. (Art. 60 de l'ordonnance du 9 décembre 1814 et art. 146 de l'Inst. M. F. du 25 septembre 1809.)

L'abus qu'ils en feraient serait puni sévèrement.

Toutes *contraventions* aux *règlements* d'octroi sont constatées par des *procès-verbaux*.

Ils peuvent être rédigés par un seul préposé. (Art. 75 de l'ord. du 9 déc. 1814.)

Les procès-verbaux des agents des octrois font foi jusqu'à preuve contraire. (Art 24 de la loi du 30 déc. 1903.)

Nous détaillons plus loin les règles fixée pour la *tenue des divers registres* que les receveurs ont à servir ; mais nous croyons devoir, d'abord, exposer les obligations des contribuables qui font ressortir les droits des employés d'octroi et détaillent leurs devoirs.

OBLIGATIONS DES CONTRIBUABLES

A L'ENTRÉE DES VILLES SUJETTES A L'OCTROI

I. —Règles générales.

Les droits d'octroi sont payés, sur la déclaration des redevables, pour l'entrée de tout objet assujetti à la taxe dans un périmètre déterminé et dont les limites doivent être indiquées par des poteaux, comme nous le disons plus haut.

Tout porteur où conducteur d'objets de consommation compris au tarif de l'octroi est tenu de faire sa déclaration au bureau ; de produire aux préposés de l'octroi les lettres de voiture, connaissements, chartes-parties, et les expéditions délivrées par la régie. (Art. 28 de l'ord. du 9 déc. 1814 et loi du 23 avril 1836.)

Les déclarations verbales des conducteurs ou porteurs doivent être immédiatement inscrites par le préposé qui les reçoit.

Elles doivent être conformes à la nature, à la quantité, aux poids ou au nombre des objets introduits.

Le *droit est dû pour la totalité des quantités* entrant dans la consommation.

Les petites quantités destinées à la nourriture des chevaux doivent être déclarées.

Pour les *boissons* et *spiritueux*, on *doit représenter les expéditions délivrées par la recette buraliste* du lieu d'expédition qui doivent indiquer la nature des vases ou vaisseaux de transport, la nature et la quantité du contenu, et toutes indications pouvant servir de base à la perception des droits locaux comme des droits du Trésor.

A défaut de déclaration et de justification du paiement des droits, les objets introduits chez les commerçants soumis à l'exercice sont saisissables et donnent lieu à l'amende de 100 à 200 francs. *Cass., 22 mai 1835.*

Un *refus de déclaration* au bureau d'octroi des objets tarifés constitue une contravention. *Cass., 22 déc. 1820 et 2 mai 1822.*

Un conducteur qui ignore le contenu des colis et fait, d'après la lettre de voiture, une *fausse déclaration*, est en contravention.

La fausse déclaration demeure acquise si elle n'est pas rectifiée avant la vérification du chargement.

Une *déclaration insuffisante* équivaut à une fausse déclaration.

Dans les déclarations de marchandises soumises aux droits d'octroi, *c'est au redevable de déterminer la quantité*, et elle ne peut pas être approximative.

Les employés n'ont qu'une mission de contrôle.

Si une vérification faite après la perception des droits d'octroi, d'après la déclaration du redevable, donne lieu de reconnaître qu'il y avait fausse déclaration, la contravention peut être constatée, bien qu'il ait été donné quittance.

Les *préposés peuvent*, après interpellation, *faire sur les voitures et autres moyens de transport toutes les visites, recherches et perquisitions nécessaires*, soit pour s'assurer qu'il n'y existe rien qui soit sujet aux droits, soit pour reconnaître l'exactitude des déclarations.

Les conducteurs sont tenus de faciliter toutes les opérations nécessaires aux vérifications.

L'application de cette règle comporte quelques tempéraments.

Si les redevables de l'octroi sont tenus de souffrir et de faciliter soit les visites et les vérifications, soit toutes les opérations nécessaires à la recherche et à la constatation de la fraude, il n'en résulte pas qu'ils soient tenus de faire procéder au déballage des marchandises par les ouvriers, sous peine de refus d'exercice. L'obligation de faciliter les opérations n'implique que l'idée d'un concours secondaire, qui laisse le rôle principal et actif aux employés de l'octroi. *Cass., 26 nov. 1869, et A. C. Bourges, 28 avril 1904.*

Par suite, en mettant à la disposition du préposé de l'octroi son sac non fermé à clef ou dont il ne refusait pas la clef, mais sans consentir à l'ouvrir lui-même et à en déplacer ou sortir le contenu, le transporteur ne se rend pas coupable d'un refus d'exercice. Après les vérifications, les marchandises doivent être remises dans l'état où elles étaient.

Les agents de l'octroi ont qualité pour interpeller le conducteur de toute voiture passant sur la route devant le bureau auquel ils sont attachés, sans avoir à se préoccuper de la direction ultérieure que le conducteur doit suivre après avoir franchi le bureau.

Le fait par le conducteur d'une voiture passant devant un bureau de l'octroi de ne pas s'arrêter sur l'interpellation d'un agent constitue une opposition à l'exercice de ses fonctions.

Les diligences, fourgons, fiacres, cabriolets ou autres voitures de louage sont soumis aux visites. Le conducteur d'une voiture qui, à l'entrée d'une ville sujette, refuse de déférer à la sommation à lui faite par les préposés d'octrois, de laisser vérifier le coffre de sa voiture, commet une contravention. Le consentement ultérieur à la vérification qui est demandée ne saurait faire disparaître l'infraction commise.

Le fait par le conducteur d'une voiture de ne pas s'arrêter sur l'interpellation d'un agent de l'octroi et de ne permettre la visite de sa voiture qu'après avoir été contraint par la force à s'arrêter constitue un refus d'exercice, et non une simple tentative de refus d'exercice.

Les voitures particulières suspendues sont soumises aux mêmes visites que les voitures publiques.

Le fait de ne pas laisser vérifier une voiture particulière à l'entrée d'une ville sujette aux droits d'entrée et d'octroi constitue une double contravention, l'une envers le Trésor, l'autre envers l'octroi.

Le droit de visiter les voitures particulières n'a donné lieu à Paris à aucune difficulté, parce qu'il a été mis en pratique avec discernement. On a senti qu'une mesure semblable, qui avait dû être prescrite par suite du principe d'égalité qui préside à la perception de l'impôt, et parce qu'elle peut servir d'un obstacle puissant à la fraude, ne devait pas être une occasion de gêne inutile et de vexation contre les citoyens ; il a été recommandé aux employés de procéder avec discernement et ménagements. C'est dans cet esprit que la disposition doit être exécutée sur tous les points du territoire.

En effet, si l'assujettissement est commun à toutes les voitures indistinctement, l'on conçoit que le plus grand nombre d'entre elles ne peut être visité que très sommairement. Il n'y a lieu de se livrer à des recherches qu'en cas de soupçon.

Les personnes voyageant à pied ou à cheval ne peuvent pas être arrêtées, questionnées ou visitées sur leur personne.

D'un autre côté, il est évident que les hottes, paniers, sacs, dont sont chargées des personnes entrant à pied ou à cheval sont des moyens de transport qui, à ce titre, donnent lieu aux vérifications des préposés. (*Correspondance administrative.*) Si les préposés éprouvaient des difficultés pour la vérification des malles, caisses, paniers, etc., ils devraient faire conduire l'introducteur devant un officier de police ou devant le maire.

Les courriers ne doivent pas être arrêtés à leur passage, sous prétexte de perception.

Tout courrier, tout employé des postes ou de toute autre administration publique qui serait convaincu d'avoir fait ou favorisé la fraude, outre les peines résultant de la contravention, sera destitué par l'autorité compétente.

Il en est de même des chefs de train.

Les préposés sont autorisés à assurer le paiement des droits en assistant au déchargement.

Ils assistent au déchargement dans les bureaux des voitures, dans les gares de chemin de fer, ou sur les quais, lorsque les marchandises arrivent par eau.

La qualification de courrier s'applique exclusivement aux courriers des malles, agents directs de l'Administration des postes Elle ne s'étend pas aux courriers d'entreprise.

Ces derniers peuvent être arrêtés et soumis à la visite à leur passage à l'octroi.

Les coches, galiotes et bateaux de louage sont pareillement soumis à la visite.

Dans les ports, ce droit de vérification s'étend aux bateaux qui peuvent introduire dans la commune des objets compris aux tarifs.

Suivant les dispositions de l'art. 57 du décret du 1er mars 1901, les agents des octrois ont le droit de pénétrer dans l'enceinte des chemins de fer pour l'exercice de leurs fonctions, de parcourir et de traverser les voies, en se conformant aux mesures de précaution qui auront été déterminées. Mais ils ne doivent user de cette faculté qu'avec beaucoup de réserve, et ils sont tenus de représenter à toute réquisition aux agents des compagnies leur commission. (*Lett. com. n° 244, du 22 juin 1902.*)

Lorsque la gare d'une station de chemin de fer se trouve située à l'intérieur du rayon de l'octroi, il y a, de la part des voyageurs, descendant à cette station, contravention au règlement sur l'octroi dans le fait d'introduire au buffet de cette gare, avant toute déclaration aux préposés de l'Administration, des objets tels que du gibier, compris parmi ceux soumis à la taxe.

Les dispositions législatives relatives à la déclaration, à l'entrée des villes, des objets soumis aux droits locaux atteignent les entreprises de tramways aussi bien que toutes autres entreprises de transport. *A. C. Paris, 3 janv. 1884.*

Le conducteur d'un tramway dans la voiture duquel on saisit des objets non déclarés, et qui ne peut désigner le propriétaire de ces objets, est en contravention, et la compagnie des tramways doit être déclarée responsable du fait de son agent. *Ibid.*

Les compagnies de chemin de fer sont des transporteurs ordinaires, et, comme tels, elles sont tenues aux déclarations prescrites à tout porteur ou conducteur, par les règlements d'octroi, avant introduction, mais seulement au moment de l'arrivée dans les gares où les objets soumis aux droits doivent être livrés aux destinataires. *A. C. Paris, 20 déc. 1879.*

L'art. 34 de l'ordonnance du 9 déc. 1814 qui prescrit aux conducteurs d'objets sujets au droit d'en faire la déclaration avant le déchargement est applicable aux compagnies de chemins de fer. *Cass., 4 nov. 1892.*

En conséquence, il y a contravention audit article lorsque les employés d'une gare ont, avant toute déclaration, déchargé sur le quai d'enlèvement, situé dans le périmètre de l'octroi, des marchandises assujetties au droit. *Ibid.*

Mais le fait par des employés de chemins de fer de transporter, sous la surveillance des agents de l'octroi, deux colis de poissons du quai de débarquement dans la salle des messageries de la gare, ne peut être considéré comme une introduction frauduleuse, alors qu'avant de prendre livraison de ses marchandises taxées, le garçon du destinataire en a fait la déclaration réglementaire auxdits préposés d'octroi, dont le bureau est situé dans l'intérieur même de cette gare. *Cass., 23 nov. 1893.*

Le voiturier chargé du transport et de la livraison des colis postaux est tenu de respecter l'enveloppe extérieure de ces colis. Dès lors, il n'a pas le moyen d'en vérifier le contenu, ni, par suite, d'en faire l'objet d'une déclaration. *Jug. du trib. Seine, 19 janv. 1895.*

L'Administration de l'octroi seule à le droit de visiter les colis douteux, et, le cas échéant, de percevoir les droits. *Ibid.*

En conséquence, le voiturier ne peut être responsable des omissions ou inexactitudes dans les déclarations des objets contenus dans lesdits colis. *Ibid.*

Si le transporteur d'objets de contrebande doit être réputé pénalement responsable de l'introduction de ces objets en France, cette responsabilité suppose de sa part la liberté de vérifier le contenu des colis transportés et de se refuser au transport d'objets prohibés à l'importation. *Cass., 23 janv. 1885.*

Spécialement les compagnies de transports, chargées, au lieu et place de l'Administration des postes, du transport des colis postaux, étant tenues de les recevoir emballés et cachetés et de les transporter à destination dans un bref délai, ne peuvent encourir aucune responsabilité à raison d'objets de contrebande frauduleusement dissimulés par l'expéditeur sous la couverture d'un colis postal, si les formalités d'expédition de ce colis ont été régulièrement remplies. *Ibid.*

Les voies ferrées établies dans les ports pour transporter les marchandises directement des navires sur lesquels elles étaient chargées aux gares de chemins de fer situées en dehors du périmètre assujetti aux droits d'octroi, bénéficient des mêmes immunités que ces chemins de fer dont elles constituent, en réalité, le prolongement, et dont, à raison même de leur affectation, elles présentent aussi le caractère d'application au commerce général. *Cass., 24 janv. 1898.*

En conséquence, les marchandises qui empruntent ces voies pour arriver aux gares situées hors du rayon de l'octroi peuvent traverser le lieu sujet sans paiement préalable de droits, ni admission à l'entrepôt, ni déclaration d'entrée, ni justification de sortie.

Les préposés de l'octroi sont placés sous la protection de l'autorité publique. (Art. 65 de l'ordonnance du 9 décembre 1814.)

Il est défendu de les injurier, maltraiter et même de les troubler dans l'exercice de leurs fonctions. (Loi du 27 frimaire an VIII, art. 15.)

Ceux qui s'opposent à l'exercice des fonctions des préposés d'octroi encourent une amende de 50 francs. (Art. 15 de la loi du 27 frimaire an VIII.)

Cette amende peut être cumulée avec l'emprisonnement infligé pour rébellion, violences et voies de fait. Cass., 15 oct. 1840.

Le procès-verbal à remettre au ministère public, en cas de voies de fait, doit être dressé sous forme de plainte.

Les rébellions ou voies de fait contre les employés doivent être poursuivies devant les tribunaux, qui ordonnent l'application des peines prononcées par le Code pénal, indépendamment des amendes et confiscations qui pourraient être encourues par les contrevenants.

Ces délits doivent être constatés de la même manière que ceux de fraude, et les procès-verbaux doivent être transmis aux autorités compétentes, suivant la nature du délit. *M. F. du 25 sept. 1809.*

Le refus de visite, la résistance aux vérifications, sont des actes de rébellion.

Le ministère public est recevable à poursuivre d'office la contravention résultant d'une opposition sans violence à l'exercice des fonctions des employés de l'octroi. *Cass., 14 nov. 1833.*

II. — **Tarif de l'octroi** (1).

NOMENCLATURE des objets imposés.	MESURES, poids ou nombres.	TARIF
BOISSONS ET LIQUIDES.		
Vins en cercles et en bouteilles, cidres, poirés et hydromels. .	L'hectolitre. .	
Alcool pur contenu dans les eaux-de-vie, esprits, liqueurs, fruits à l'eau-de-vie, absinthes et autres liquides alcooliques non dénommés.	*Idem*. . . .	
Alcool pur contenu dans les vermouts et les vins de liqueur ou d'imitation. . . .	*Idem*. . . .	
Vins autres que ceux spécifiés ci-dessus et titrant plus de 15°	*Idem*. . . .	
Alcools dénaturés.		
Bières.	*Idem*. . . .	
Vinaigre de toute espèce et conserves au vinaigre.	*Idem*. . . .	
Limonades gazeuses.	*Idem*. . . .	

(1) Nous avons établi ce tableau de façon que chacun des acheteurs de ce livre puisse y inscrire le tarif qu'il a à appliquer.

NOMENCLATURE des objets imposés.	MESURES poids ou nombres.	TARIF.
COMESTIBLES.		
Animaux vivants.		
Bœufs, vaches, taureaux, génisses	Les 100 kil. Par tête.	
Moutons	Les 100 kil. Par tête.	
Chèvres	Les 100 kil. Par tête.	
Agneaux et chevreaux	Les 100 kil. Par tête.	
Veaux	Les 100 kil. Par tête.	
Porcs	Les 100 kil. Par tête.	
Cochons de lait	Les 100 kil. Par tête.	
Charcuterie	Les 100 kil.	
Graisses, lards et viandes salées	*Idem.*	
Abats et issues	*Idem.*	
Truffes, volailles et gibier truffés, pâtés et terrines truffés	Le kilog.	
Volailles de toute espèce et lapins domestiques	*Idem.*	
Poissons de mer	*Idem.*	
Huîtres fraîches ou marinées	Le cent.	
Poissons d'eau douce	Le kil.	
Gibier	*Idem.*	
Beurre de toute espèce, frais ou fondu, salé ou non	*Idem.*	
Fromages secs	*Idem.*	
Conserves et fruits confits, olives, fruits secs de table tels que raisins, figues, dattes, pruneaux, etc.	*Idem.*	
Huiles comestibles de toute espèce	Les 100 kil.	
Oranges, citrons et limons	*Idem.*	

NOMENCLATURE des objets imposés.	MESURES, poids ou nombres.	TARIF
COMBUSTIBLES.		
Bois à brûler. dur.	Le stère. . .	
Bois à brûler. tendre. . . .	*Idem.* . . .	
Fagots et cotrets.	Le cent. . .	
Charbon de bois et ses dérivés.	Les 100 kil. .	
	L'hectolitre. .	
Charbon de terre, tourbe, anthracite, lignite et tous les autres combustibles minéraux.	Les 100 kil. .	
	L'hectolitre. .	
Coke.	Les 100 kil. .	
	L'hectolitre. .	
Huiles à brûler, animales ou végétales, à l'exception du dégras et de l'huile de poissons.	Les 100 kil. .	
Huiles à brûler minérales. . .	*Idem* . . .	
Chandelles.	*Idem.* . . .	
Suifs de toute espèce.	*Idem.* . . .	
Cires blanches ou jaunes. . .	*Idem.* . . .	
Spermaceti. brut.	*Idem.* . . .	
Spermaceti. raffiné.	*Idem.* . . .	
Bougie stéarique, acide stéarique et margarique et autres substances pouvant remplacer la cire.	*Idem.* . . .	
FOURRAGES.		
Foin, sainfoin, trèfle, luzerne et autres fourrages.	Les 100 kil. .	
Pailles de toute espèce. . . .	*Idem.* . . .	
Avoine.	Les 100 kil. .	
	L'hectolitre. .	

NOMENCLATURE des objets imposés.	MESURES poids ou nombres.	TARIF.
Sons et recoupes.	Les 100 kil. . L'hectolitre. .	
Orge.	Les 100 kil. . L'hectolitre. .	
MATÉRIAUX.		
Chaux et mortiers de toute espèce.	Les 100 kil. ou l'hectol. . .	
Ciments de toute espèce. . .	Les 100 kil. . L'hectol. . .	
Plâtre.	Les 100 kil. ou l'hectol. . .	
Moellons, plâtras, pavés et meulières de toute dimension, travaillés ou non.	Le mètre cube.	
Pierres de taille dures. . . .	*Idem*. . . .	
Pierres de taille tendres. . .	*Idem*. . . .	
Dalles et carreaux de pierre de toutes espèces.	Le mètre sup.	
Marbres et granits.	Le mètre cube.	
Fers de toute espèce. . . / Zinc. . . . / Plomb. . . / Cuivre. . . / Fonte. . . . — destinés à la construction des bâtiments, façonnés ou non.	Les 100 kil. .	
Ardoises pour toiture. . . .	Le mille. . .	
Briques, tuiles, carreaux, mîtres, tuyaux et poteries destinés à la construction des bâtiments.	*Idem*. . . .	
Argile, terre glaise, sable, gravois et cailloux.	Le mètre cube.	
Bois de charpente ou de menuiserie ouvré. . . . . — dur. . .	*Idem*. . . .	
Bois de charpente ou de menuiserie ouvré. . . . . — tendre. .	*Idem*. . . .	

NOMENCLATURE des objets imposés.	MESURES, poids ou nombres.	TARIF.
Bois en grume. . { dur. . .	*Idem*. . . .	
Bois en grume. . { tendre. .	*Idem*. . . .	
Verres à vitres.	Les 100 kil. .	
Glaces.	*Idem*. . . .	
OBJETS DIVERS.		
Savons.	Les 100 kil. .	
Vernis de toute espèce, autres que ceux à l'alcool, blanc de céruse et de zinc et autres couleurs ; essence de toute nature, goudrons liquides, résidus de gaz et autres liquides pouvant être employés comme essence.	Les 100 kil. ou l'hectolitre	

III. — Exceptions.

1o Du passe-debout.

La loi du 22 frimaire, article 22, déclare ne pas soumettre au droit d'octroi les objets non destinés à la consommation de la commune et qui n'entrent que par transit ou pour y être entreposés jusqu'à leur sortie ultérieure.

Le passe-debout est le passage non interrompu par une commune en exemption des droits. (Décret du 17 mai 1809, art. 60.)

Le conducteur d'objets soumis aux droits, qui veut traverser seulement un lieu sujet, ou y séjourner moins de 24 heures, est tenu d'en faire la déclaration au bureau d'entrée. Il lui est délivré un permis de passe-debout sur le cautionnement ou la consignation des droits. (Art. 37, ord. du 9 déc. 1814.)

La restitution des sommes consignées, ainsi que la libération de la caution, s'opèrent au bureau de la sortie. (Art. 37, *ib.*)

Lorsqu'il est possible de faire escorter le chargement, le conducteur est dispensé de faire cautionner les droits, mais il n'en doit pas moins être muni d'un passe-debout. Les frais d'escorte sont fixés par le règlement.

Lorsque la perception des droits locaux s'opère à un bureau central, le passe-debout et l'escorte ne sont pas exigés ; c'est au service à s'assurer qu'un chargement introduit dans le rayon de l'octroi en est régulièrement sorti.

Le passe-debout n'est pas exigé non plus pour les colis postaux transportés par les courriers de la poste. (Circ. n° 171, du 1er août 1896.)

Toute soustraction ou décharge frauduleuse pendant la durée du passe-debout fait encourir la saisie des objets déchargés ou la confiscation de la valeur des objets soustraits. (Art. 65 du décret du 17 mai 1809.)

Mais, pour qu'il y ait contravention, il faut que le déchargement à fausse destination soit matériellement constaté. (Cass., 18 janv. 1867.)

Le conducteur d'une marchandise introduite sous le couvert d'un passe-debout n'est obligé par aucun texte de loi visant une sanction pénale d'en démontrer la sortie. (Cass., 25 juin 1881, Sir. 82.1.240.) — Toutefois, il doit faire constater la sortie de ladite marchandise dans les 24 heures de l'introduction s'il veut dégager la responsabilité de la caution ou obtenir le remboursement de sa consignation. (Cass., 28 mars 1818.)

Les passe-debout ayant pour objet d'assurer la sortie des denrées introduites par un point déterminé, l'introducteur qui ne suit pas la route prescrite, et décharge ses denrées avant d'arriver à la barrière par laquelle il a déclaré vouloir les faire sortir, se met en contravention. Les tribunaux ne peuvent l'excuser sous le prétexte que le lieu de déchargement est celui où s'embarquent les marchandises pour la ville vers laquelle celles-ci étaient destinées. (Cass., 15 pluviôse an XI.)

Sont irrévocablement acquis à l'octroi les droits consignés pour des marchandises entrées en passe-debout, si l'introducteur ne fait pas décharger son passe-debout dans les 24 heures. (Jug. de paix, Tarascon, 10 mars 1886.)

Mais la simple représentation d'un permis de passe-debout ou de transit à la sortie n'est pas suffisante pour constater que le voiturier veut faire sortir la totalité des marchandises portées sur le permis. C'est seulement lorsqu'une déclaration a été faite qu'une contravention est commise au cas où la quantité de marchandises transportées est inférieure à celle déclarée. (Arr. Caen, 18 mars 1893 ; jug. Sedan, 16 juill. 1884 ; Bourges, 25 avril 1885.)

2° Du transit.

Le transit est la faculté de passer dans une commune et d'y séjourner suivant le besoin des circonstances. (Décret du 17 mai 1809, art. 67.)

La durée du transit doit être limitée par les règlements.

En cas de séjour au delà de 24 heures, dans un lieu sujet à l'octroi, d'objets introduits sur une déclaration de passe-debout, le conducteur sera tenu de faire, dans ce délai et avant le déchargement, une déclaration de transit, avec l'indication du lieu où lesdits objets seront déposés, lesquels devront être représentés aux employés à toute réquisition. La consignation et le cautionnement du droit subsisteront pendant toute la durée du séjour, laquelle, à défaut de texte, sera réglée par les usages du commerce. (Art. 38, ord. du 9 déc. 1814.)

Les objets amenés aux foires et marchés sont assujettis à toutes les formalités du transit.

3° De l'entrepôt.

Les droits d'octroi ne doivent frapper que les objets destinés à la consommation locale. (Art. 148 de la loi du 28 avril 1816.)

Afin d'en affranchir les quantités qui ne sont pas consommées dans le lieu sujet, l'ordonnance du 9 décembre 1814 avait accordé à tout propriétaire ou commerçant la faculté de recevoir ou d'emmagasiner, sans acquittement des droits, les marchandises qui y sont assujetties. C'est la faculté d'entrepôt ou l'*entrepôt commercial* qui a existé sous cette forme première jusqu'en 1870.

Mais il importait aussi de permettre aux industriels établis dans un lieu sujet de fabriquer dans les mêmes conditions que leurs concurrents de l'extérieur, c'est-à-dire sans que leurs produits se trouvent grevés de droits sur les matières employées à leurs préparations. C'est dans ce but que le décret du 12 février 1870 permet de recevoir en franchise « les combustibles et matières premières destinés à être employés dans les établissements industriels et dans les manufactures de l'Etat » (art. 8). — C'est cette faculté que l'on désigne sous le nom d'*entrepôt industriel* et qui est, dans une certaine mesure, l'équivalent de l'admission temporaire.

A) *De l'entrepôt commercial.*

L'entrepôt est la faculté donnée à un propriétaire ou à un commerçant de recevoir ou d'emmagasiner dans un lieu sujet à l'octroi, sans acquittement du droit, des marchandises qui y sont soumises et auxquelles il réserve une destination extérieure. (Art. 41, ord. du 9 déc. 1814.)

Aux termes d'un décret du Président de la République en date du 10 juillet 1912, les règlements peuvent exiger pour l'admission à la qualité d'entrepositaire, la présentation d'une caution solvable.

Par ce même décret les règlements peuvent, sans préjudice du recours à l'entrepôt, instituer le régime de la reconnaissance à la sortie, au moyen duquel les droits afférents aux objets expédiés hors du lieu sujet sont compensés par ceux dont sont passibles les objets de même nature ultérieurement introduits.

L'entrepôt peut être *réel* ou *fictif* ; il est toujours illimité. Les règlements locaux doivent déterminer les objets pour lesquels l'entrepôt est accordé, ainsi que les quantités au-dessous desquelles on ne peut l'obtenir. (Art. 41 ord. du 9 déc. 1814.)

Mais lorsqu'un règlement d'octroi énumère les objets pouvant être admis à l'entrepôt à domicile, cette énumération est restrictive et le bénéfice de l'entrepôt ne peut être accordé par analogie à des objets qui ne figurent pas dans ladite énumération. (Cass., 10 avril 1895, Sir. 95.1.259.)

Entrepôt réel. — L'entrepôt réel peut être défini : le dépôt de marchandises admises avec crédit des droits, dans un magasin public, sous la garde d'un conservateur ou sous la garantie de l'administration de l'octroi. (Art. 47 de l'ord. du 9 déc. 1814.)

Les objets ainsi entreposés sont, après avoir été vérifiés et marqués, inscrits sur un registre à souche dont l'ampliation est remise à l'entrepositaire. (Art. 48 *ib.*)

Les règlements déterminent la police des entrepôts qui doivent être accessibles, en tout temps, aux employés de la Régie et de l'octroi, de même qu'aux entrepositaires chargés de veiller à la conservation de leurs marchandises. Dans le cas où ceux-ci ne s'acquitteraient pas de cette dernière obligation, le conservateur, dûment autorisé par le maire, serait chargé d'y pourvoir. Les frais d'entretien et de conservation sont remboursés à l'Administration de l'octroi, sur les mémoires et états approuvés par le maire.

L'entrepôt réel est placé sous la surveillance immédiate et sous la garantie de l'octroi qui, dès lors, doit être tenu pour responsable des altérations ou avaries survenues aux marchandises entreposées et provenant du fait de ses préposés. (Art. 47 ord. du 9 déc. 1814.) Mais on ne saurait lui imputer les coulages, pertes ou avaries ayant pour cause le séjour en magasin, la nature des marchandises, la mauvaise qualité des récipients ou des accidents de force majeure dûment constatés.

Si, par suite de dépérissement ou de toute autre cause, la valeur des objets entreposés, fixée à dire d'experts, n'excède pas la moitié en sus des sommes dues pour frais d'entretien, de transport ou de magasinage, le propriétaire sera sommé de les retirer. A défaut, ils seront vendus publiquement par ministère d'huissier, et le produit net de la vente, déduction faite des sommes dues à la commune avec intérêt calculé à raison de 5 p. 100 par an, déposé dans la caisse municipale où il sera tenu à la disposition de l'intéressé. (Art. 55 de l'ord. du 9 déc. 1814.)

Les frais de magasinage, déterminés par le règlement de l'octroi ou par un règlement particulier approuvé par le ministre des finances, seront acquittés tous les mois et d'avance. Cependant, pour simplifier la comptabilité, il pourra être stipulé que le paiement ne s'effectuera que par trimestre.

Pour retirer de l'entrepôt des marchandises qui y ont été admises, l'entrepositaire est obligé de produire l'ampliation qui lui a été délivrée, de déclarer les objets qu'il se propose d'enlever et d'en donner décharge au conservateur ; enfin il est tenu d'acquitter immédiatement les droits, si les objets sont destinés à la consommation locale, ou de rapporter un certificat de sortie, s'ils sont expédiés au dehors.

L'entrepôt fictif est interdit à Paris (loi du 28 avril 1816, art. 39), sauf pour les matières premières employées dans l'industrie. (Décret du 10 janvier 1873.) Mais un décret du 30 mars 1808 a constitué un entrepôt général pour les vins et les spiritueux. Cet entrepôt est réglementé par l'ordonnance du 22 mars 1833, celle du 7 janvier précédent et les arrêtés des 8 septembre 1836 et 22 mars 1837.

Entrepôt fictif. — L'entrepôt fictif est à domicile.

C'est l'admission, avec crédit des droits, dans les magasins, caves et domiciles particuliers, de marchandises comprises au tarif de l'octroi. La loi du 28 juin 1833, article 9, pose en principe que les entrepôts fictifs pour les *boissons* seront supprimés dans les communes sujettes aux droits d'entrée ou d'octroi, lorsqu'un entrepôt public y aura été établi, à la condition toutefois que les conseils municipaux en aient fait la demande.

Toute personne qui veut entreposer fictivement des marchandises sujettes au droit d'octroi est tenue, après en avoir fait la déclaration préalable au bureau de l'octroi, et s'être engagée à acquitter les droits sur les manquants reconnus à son compte, de désigner les locaux où seront déposés les objets admis avec le crédit des droits. Dans le but de prévenir la fraude, l'article 90 de l'instruction du ministre des finances du 25 septembre 1809 défend toute communication entre l'entrepôt fictif et les habitations voisines.

Les préposés d'octroi tiennent un compte d'entrée et de sortie des marchandises entreposées. A cet effet, l'article 44 de l'ordonnance du 9 décembre 1814 leur donne le droit de faire chez les entrepositaires toutes vérifications utiles, de constater les restes en magasins et d'établir le décompte des droits dus sur les objets pour lesquels il n'est point représenté de certificats de sortie. Ces droits sont immédiatement exigibles des entrepositaires, et, à défaut, il est décerné contre eux des contraintes.

Les employés des contributions indirectes suivent, dans l'intérêt des communes comme dans celui du Trésor, les exercices, dans l'intérieur du lieu sujet aux droits d'entrée, chez les entrepositaires de boissons et chez les distillateurs. (Ord. du 9 décembre 1814, art. 91.)

Bien que le droit d'entrée ait été supprimé sur les vins et les cidres, la Régie continue à faire suivre les comptes par ses employés, dans l'intérêt commun du Trésor et de l'octroi. (V. circ. n° 571, du 28 juin 1904.)

DÉDUCTIONS. — Aux termes de l'article 45 de l'ordonnance du 9 décembre 1814, il est accordé aux entrepositaires une déduction sur les marchandises dont le poids ou la quantité est susceptible de diminuer. Cette déduction devrait être fixée par les règlements locaux ; mais, en fait, elle est généralement réglée par un accord entre l'autorité locale et les redevables. Le cas échéant, le contribuable peut : 1° demander à la municipalité l'insertion d'une disposition dans ce sens au règlement de l'octroi ; 2° ou bien s'adresser aux tribunaux, qui fixeront le taux de la déduction. (Cass., 21 juin 1880. Sir, 81.1.110.)

En ce qui concerne les boissons, la déduction doi être la même que celle qui est accordée par la régie. (Ord. du 9 déc. 1814, art. 46.)

Depuis la suppression des droits d'entrée sur les vins et les cidres, les communes ne sont cependant pas obligées d'accorder aux récoltants entrepositaires la déduction de 10 0/0 qui avait été fixée par l'article 17 du décret du 17 mars 1852. Elles peuvent adopter une autre quotité.

Certificats de sortie. — Après vérification des quantités et espèces, les préposés des portes et barrières délivrent un certificat de sortie des objets expédiés de l'entrepôt au dehors. (Art. 43, ord. du 9 décembre 1814.)

Les certificats de sortie sont exigés pour la décharge des passe-debout, transit et entrepôt.

Une fausse déclaration à la sortie est punie comme une introduction frauduleuse. (Cass., 24 mai 1833 ; arr. Bordeaux, 6 août 1891.)

Les certificats délivrés sont des actes authentiques faisant foi jusqu'à inscription de faux du fait de la sortie des marchandises entreposées, pour les quantités que les agents ont déclaré avoir vu sortir du périmètre de l'octroi. (Cass. civ. du 29 janvier 1856. Sir. 56.1.678 ; Lyon, 15 juin 1887.) — Mais la Chambre criminelle de la Cour de cassation (arr. du 7 avril 1876, *Bull. crim.* n° 101) a décidé que les certificats de sortie font foi des déclarations reçues par les employés, mais non de la sincérité et de l'exactitude des déclarations faites par les entrepositaires aux employés d'octroi.

Sont coupables du crime de faux en écriture

publique et authentique, et passibles des peines prononcées par les articles 147 et 148 du Code pénal, les préposés d'octroi qui délivrent de faux certificats de sortie et les individus qui, sciemment, font usage de ces passe-debout. (Cass., 10 janvier 1873.)

B) *Entrepôt industriel.*

Il n'existe qu'à domicile.

Il n'est accordé pour les matières premières que si le droit à percevoir à raison des quantités pour lesquelles elles entrent dans un produit fabriqué atteint au minimum 1/4 pour cent de la valeur de ce produit (art 8 du décret de 1870).

Deux cas sont à envisager :

a) Le produit fabriqué n'est pas taxé dans le tarif local. Décharge est alors accordée aux entrepositaires pour toutes les quantités de combustible et de matières premières employés à la fabrication, pourvu que cet emploi ait été préalablement déclaré et qu'il en ait été justifié aux préposés de l'octroi chargés de l'exercice des entrepôts ; à défaut de quoi le droit est perçu sur les quantités manquantes (art. 8 du décret de 1870).

b) Le produit fabriqué est imposé au tarif de l'octroi. L'entrepositaire n'en obtient pas moins l'affranchissement pour le combustible et la matière première employés à la fabrication ; mais il paye le droit dû par les produits industriels pour ceux de ces produits qu'il ne justifie pas avoir fait sortir du lieu sujet (art. 8 du décret de 1870).

L'expression « manufactures de l'Etat », employée par le décret de 1870, englobe les arsenaux de la guerre, de la marine, les magasins des diverses administrations. Celle d' « établissements industriels » s'applique, aux termes de la jurisprudence, à toutes les industries exercées dans un lieu sujet, du moment où elles produisent des objets de commerce général, c'est-à-dire non exclusivement affectés aux habitants de la commune.

L'entrepôt industriel en vue de la franchise des droits locaux est également accordé :

1° A tous les combustibles et matières destinés au service de l'exploitation des chemins de fer, aux travaux des ateliers et à la construction de la voie (art. 13 du décret de 1870) ;

2° A la construction et à l'exploitation des lignes télégraphiques (art. 1er du décret du 8 décembre 1882) ;

3° Aux combustibles et matériaux d'exploitation des mines (décret du 19 juin 1888) ;

4° Aux approvisionnements en toutes matières employés pour la confection et l'entretien du matériel militaire et naval (art. 2 du décret de 1870).

a) Aux combustibles et matières employés dans les arsenaux et établissements industriels de la guerre et de la marine militaire, ainsi qu'à bord des bâtiments de la flotte.

b) Aux matériaux destinés à la construction, à la réfection, à l'entretien et à l'aménagement des ports militaires, fortifications, ouvrages, établissements industriels de la guerre et de la marine et les appareils et l'outillage en dépendant, ainsi que les matériaux des voies ferrées affectées au service des ports, fortifications, ouvrages et établissements ci-dessus désignés (*Décret du 25 avril 1912*). Les matériaux destinés à la construction des casernements sont imposables. (*Réponse M. F., Journal officiel* 14 juin 1912).

Afin d'éviter des vérifications très délicates et parfois impossibles, le décret de 1870 (art. 14) autorise la conclusion d'*abonnements individuels* qui doivent représenter l'équivalent des taxes dues sur les combustibles et matières premières que l'industriel emploie à des usages autres que la fabrication, notamment à la consommation de maison et de famille.

4° Abonnements.

La perception à l'effectif constitue la règle. L'abonnement n'est cependant pas interdit.

L'abonnement est une convention passée entre le maire et le redevable afin de rendre la perception des droits plus facile et de simplifier les formalités imposées aux entrepositaires.

L'abonnement dispense des exercices et du payement des droits sur les produits livrés à la consommation locale.

Abonnement commercial. — Cet abonnement, prévu et réglementé par des circulaires du ministre des finances des 22 février 1815 et 10 septembre 1818, est souscrit par la corporation entière des contribuables faisant un commerce identique et dans des conditions semblables. Ainsi les brasseurs forment une corporation ; les entrepositaires de bière, qui n'en fabriquent pas, forment une autre corporation.

Le traité est consenti par le maire (loi du 5 avril 1884, art. 90), ou par l'adjudicataire, si l'octroi est en ferme. Il est approuvé par le préfet. (Décret du 12 fév. 1870, art. 4.)

Une ampliation de chacun de ces traités est remise au directeur des contributions indirectes, qui la fait parvenir à la Direction générale, avec l'arrêté du préfet.

On remarquera que l'abonnement ne découle pas d'un texte de loi, qu'il est facultatif, et que les parties contractantes peuvent insérer toutes les clauses qui ne sont pas incompatibles avec les principes posés dans les instructions ministérielles précitées.

Les abonnés nomment un syndic qui les représente auprès des autorités. Si un abonné disparaît, sa cote est répartie entre les autres abonnés au marc le franc de leur quote-part. Le dégrèvement inverse est opéré, s'il y a un nouvel adhérent.

L'abonnement ne dispense pas les intéressés de déclarer les introductions ou fabrications et les exportations.

Un industriel serait recevable à déférer au Conseil d'Etat un arrêté par lequel le maire refuserait de l'admettre au bénéfice de l'abonnement consenti en faveur d'une classe de redevables. (Conseil d'Etat, 11 janv. 1889.)

Abonnement industriel. — Cet abonnement est consenti individuellement aux industriels, en vertu de l'article 14 du décret du 12 février 1870, pour les combustibles et autres matières premières admis à l'entrepôt aux termes des articles 8, 11, 12 et 13 du même décret.

La durée de l'abonnement ne peut pas excéder une année.

Si les industriels, en effet, sont affranchis, sous des conditions déterminées, du paiement des taxes locales sur les combustibles employés à la confection des produits exportés par eux, ils n'en restent pas moins soumis à l'acquittement des droits sur les charbons, bois ou coke utilisés à leur besoins domestiques. Comme il serait très difficile de déterminer les quantités passibles de l'impôt, ces industriels souscrivent généralement un abonnement.

L'abonnement ne peut être individuel en dehors du cas où il n'existe dans la localité qu'une seule personne exerçant la profession en cause.

A la vérité, la Cour de cassation a décidé que si dans l'article 4, le décret du 12 février 1870 a complété la législation antérieure en ce qui concerne les abonnements collectifs, et si, dans l'article 14, il a introduit des abonnements dits industriels, on ne saurait induire de son silence à l'égard des abonnements individuels une interdiction de ces abonnements. (Cass., 17 mai 1898, Dall. 1904. 1. 452) Or, dans l'espèce, il s'agissait non pas du principe de la concession de l'abonnement, dont les tribunaux judiciaires n'ont pas à connaître, mais de savoir si un abonnement consenti par l'ancien fermier de l'octroi *en vertu d'une clause spéciale du règlement* devait être respecté par le nouveau fermier.

5° Exemption des droits.

On ne doit pas considérer comme « objets destinés à la consommation locale », soumis aux droits, les rails et pièces de fer ou de fonte employés dans le périmètre d'un octroi à la réfection de la voie d'un tramway qui dessert plusieurs communes, car ces voies ferrées, envisagées dans l'ensemble de leur parcours, comme formant un tout indivisible, constituent des objets destinés au commerce général.

On doit considérer comme destinés au service de la voie et de l'exploitation, et par suite comme non imposables, tous les objets qui ne sont pas exclusivement affectés aux besoins d'une gare, dans ses rapports spéciaux avec la consommation locale : telles sont, par exemple, les matières employées à la clôture de la voie, à la construction des maisons de gardiens des passages à niveau, etc.

Les matériaux destinés à la toiture d'une gare ne sont pas exempts des droits d'octroi quand le tarif n'en affranchit que ceux à employer pour la voie des chemins de fer.

Les voies ferrées établies par une compagnie de chemin de fer, à l'effet de relier une gare de son réseau aux quais et ports maritimes de la ville où cette gare est établie, constituent un prolongement du chemin de fer lui-même, et présentent le même caractère d'application au commerce général. *Cass*, *12 déc. 1883*.

En conséquence, les matériaux employés à la construction de ces voies ferrées échappent à l'application des taxes d'octroi, bien que cette construction ait eu lieu sur un sol dépendant du domaine public municipal. *Ibid*.

La solution du litige dépendait exclusivement du point de savoir si ces voies sont affectées à un service purement local, ou si elles concourent à l'exploitation d'intérêt général dont la compagnie est chargée. C'est en ce dernier sens que s'est prononcée la Chambre civile, et les motifs de l'arrêt justifient pleinement cette solution. Il est hors de doute que le service auquel sont affectées les voies *en question* est étranger aux intérêts de la localité. Il s'agit ici d'une dépendance, d'une annexe, ou plutôt, comme le dit très justement l'arrêt de la Chambre civile, d'un prolongement du chemin de fer, qui ne saurait être soumis à un régime différent de celui sous lequel se trouvent placées toutes les autres lignes du réseau.

Les combustibles et matières destinés au service de l'exploitation des chemins de fer, aux travaux des ateliers et à la construction de la voie sont affranchis de tous droits d'octroi.

En conséquence, les dispositions relatives à l'entrepôt à domicile des combustibles et matières premières employés, dans les établissements industriels, à la préparation et à la fabrication des objets destinés au commerce général sont applicables aux fers, bois, charbons, coke, graisses, huiles, et, en général, à tous les matériaux employés dans les conditions ci-dessus indiquées.

En dehors de ces conditions, tous les objets portés au tarif qui sont consommés dans les gares, salles d'attente et bureaux, sont soumis aux taxes locales. *Art. 13 du décret du 12 févr. 1870.*

Les dispositions qui précèdent sont applicables à la construction et à l'exploitation des lignes télégraphiques. *Décret du 8 déc. 1882.*

Cette disposition doit être insérée dans tous les règlements d'octroi. *Circ. n° 356, du 21 déc. 1882.*

L'immunité consacrée par le décret du 12 février 1870 au profit des combustibles et matières destinés à l'exploitation des chemins de fer ne s'étend pas aux matériaux employés à la construction d'une salle de bains, de dortoirs. *Cass., 17 févr. 1887.*

Les matériaux employés à la construction de dortoirs situés à proximité des dépôts de locomotives et réservés à l'usage exclusif des mécaniciens doivent être exonérés. *Cass., 22 mai 1905.*

L'immunité est applicable aux matériaux employés à la construction d'un dépôt de machines et d'un atelier de réparation. *Cass., 4 déc. 1888.*

Les matériaux employés à la construction d'un réservoir destiné à alimenter les machines servant à la traction ne sont pas soumis aux droits d'octroi. *Jug. sur appel du tribunal de Meaux, déc. 1886.*

Il en est de même des matériaux employés à la construction d'une rotonde servant à remiser les machines. *Cass., 10 août 1886.*

Il a été décidé que l'exemption prononcée par l'art. 13 du décret du 12 février 1870 ne s'applique pas aux matériaux employés à la construction des lignes de tramway, alors du moins que les voies sont établies dans les limites de la ville, et que par suite leur exploitation constitue une industrie purement locale. *Cass., 12 nov. 1877.*

Il a été jugé que quand les droits sont dus sur les charbons, ces droits peuvent être réclamés par la commune, au moins pour les cinq dernières années, si c'est par suite d'une fausse interprétation du règlement et d'une erreur évidente qu'ils n'ont pas été perçus. *Cass.., 29 avril 1868.* Néanmoins il y a lieu de remarquer que si la loi de 1831 a établi une prescription au profit des communes quand elles sont débitrices, aucun texte n'en édicte de particulière contre elles, quand elles sont créancières et qu'elles peuvent réclamer leurs droits pendant 30 ans.

Nonobstant le décret du 12 février 1870, toute convention conclue entre une compagnie de chemin de fer et une ville pour un abonnement calculé sur l'ensemble des combustibles soumis aux droits qui sont consommés dans le rayon de l'octroi, fait la loi des parties et doit être exécutée dans son entier tant qu'elle n'a pas été dénoncée et modifiée. *Cass., 26 févr. 1877.*

L'exemption des droits d'octroi, prononcée par l'article 13 du décret du 12 février 1870 en faveur des matières destinées au service de l'exploitation des chemins de fer et à la construction de la voie, s'étend, pour les premières, aux matières employées à la clôture de la voie, aux barrières des chemins à niveau, à la construction des maisons occupées par des gardiens de ces barrières, à l'établissement des disques, signaux, lignes télégraphiques, voies de garage, même dans l'intérieur des gares, mais destinées au service général de la ligne, plaques tournantes et aiguilles ; elle comprend, pour les secondes, non seulement les matériaux employés aux terrassements, ballast, rails et traverses, mais encore ceux utilisés dans la construction des ponts, ponceaux, viaducs, voûtes et aqueducs. *Cass., 21 juin 1880.*

Mais l'exemption accordée par l'art. 13 du décret du 12 février 1870 en faveur des matières destinées à l'exploitation des chemins de fer et à la construction des voies ferrées ne s'applique qu'aux matières qui doivent entrer dans cette construction pour en faire une partie intégrante ou en constituer un accessoire, ou qui sont destinées à l'exploitation de cette voie considérée comme formant dans son ensemble un tout indivisible ; elle ne saurait s'étendre aux matériaux destinés à la construction d'une gare dont l'objet principal est de mettre la voie en relation directe avec la ville où elle est établie, et qui a, par suite, le caractère d'une construction locale. *Cass., 3 juin 1902.*

Ce caractère ne se perd pas par le fait qu'une gare serait reliée à d'autres établies dans la même ville, et que le nombre des voyageurs et des marchandises qui y transitent serait supérieur au nombre de ceux qui viennent de la ville ou qui s'y arrêtent.

Il appartient non seulement au bâtiment principal, mais encore à toutes les constructions qui en constituent des dépendances. *Ibid.*

Mais doivent être exonérés les matériaux employés à la construction d'une halle de triage et d'une usine électrique destinées au service d'exploitation d'un chemin de fer. *Cass., 7 nov. 1904.*

Les matériaux employés à la construction d'un tramway sont passibles des droits lorsque le tramway ne dessert que la commune, ne dépasse pas les limites de la ville ni celles de l'octroi. *Cass., 3 fév. 1904.*

Mais les matériaux servant à la construction d'un tramway desservant plusieurs communes doivent bénéficier de l'exemption. *Cass., 11 juill. 1898.*

Lorsque le tramway sert à la fois pour assurer les communications dans la ville, et les communications avec les communes voisines, son caractère est double, et, s'il n'y a pas indivisibilité entre toutes les lignes du réseau, il ne peut y avoir exonération pour les parties qui forment un réseau exclusivement urbain. *Cass., 9 mai 1906.*

La cour a même décidé que les fourrages consommés par les chevaux employés à la traction d'un tramway *intercommunal* devaient être exonérés. *Cass., 3 janv. 1906.*

La disposition du décret du 12 février 1870 qui admet à l'entrepôt des matières destinées à l'exploitation et à la construction des voies ferrées et de leurs dépendances, s'applique aux matériaux employés à la construction d'une usine d'électricité destinée à fournir la force motrice à des tramways intercommunaux. *Arr. C. d'Etat, 2 mai 1902. (Octroi de Vitry-sur-Seine.)*

La disposition du décret du 12 février 1870 qui admet à l'entrepôt les matières destinées à l'exploitation et à la construction des chemins de fer, s'étend non seulement aux tramways intercommunaux, mais encore aux matières servant à la construction d'une remise destinée à abriter des voitures affectées au service des tramways.

L'article 13 du décret du 12 février 1870, en accordant, dans l'intérêt du commerce et de l'industrie, l'exemption des taxes d'octroi aux matériaux employés à la construction des voies ferrées, a assuré en même temps aux administrations communales l'exercice de leur droit de surveillance et de contrôle. A défaut de l'accomplissement des formalités exigées dans ce but, les matériaux introduits sans déclaration et sans admission à l'entrepôt à domicile sont réputés des objets de fraude et doivent être confisqués lorsqu'ils ont été régulièrement décrits et saisis. Il n'y a même pas d'exception en faveur de ceux qui ont été effectivement employés à la construction de la voie ferrée. *Cass., 29 avril 1881.*

Il ne résulte d'aucune disposition légale que les voies de chemins de fer et les gares auxquelles elles aboutissent puissent être considérées comme des lieux neutres qui seraient placés fictivement hors du périmètre des octrois et se trouveraient ainsi affranchis des déclarations, du paiement des taxes et des demandes d'admission à l'entrepôt, relativement aux objets transportés par les compagnies et sujets aux droits. *Cass., 30 avril 1881.*

L'article 13 du décret du 12 février 1870, qui exempte des droits d'octroi les matières et combustibles destinés à l'exploitation ou à la construction des chemins de fer, sous la condition de la déclaration et de l'admission à l'entrepôt, ne concerne que les matières et combustibles qui sont de leur nature assujettis aux droits. *Cass., 28 mars 1885.*

La déclaration et l'admission à l'entrepôt ne peuvent, par suite, être exigées lorsqu'il s'agit de fers qui, d'après leur nature et leur destination, ne rentrent pas dans la catégorie de ceux que le règlement d'octroi assujettit aux droits. *Ibid.*

De ce qu'un règlement d'octroi affranchit des droits le charbon de terre employé à la préparation de produits destinés au commerce général, il s'ensuit que l'immunité doit être étendue au coke consommé dans un établissement industriel pour la fabrication des mêmes produits. *Arrêt du Cons. d'Etat du 10 juill. 1861.*

La concession de l'entrepôt pour les combustibles et les matières premières employés, soit dans les établissements industriels, soit dans les services de la guerre, de la marine, de la navigation et des chemins de fer, a nécessairement pour conséquence de soumettre les ateliers de fabrication et les magasins aux vérifications des employés de l'octroi.

Pour éviter ces vérifications, l'article 14 du décret du 12 février 1870 autorise la conclusion d'abonnements individuels qui doivent représenter exclusivement l'équivalent des taxes dues, soit pour la consommation de maison ou de famille des industriels, soit pour la consommation du personnel logé dans les établissements de la guerre, de la marine et des chemins de fer. *Circ. n° 243, du 12 août 1878.*

Il y a lieu de remarquer que, si, pour les *matières premières*, l'entrepôt ne peut être exigé, qu'autant que la somme à percevoir à raison des quantités pour lesquelles elles entrent dans le produit industriel représente au moins un quart pour cent de la valeur de ce produit (0 fr. 25 pour 100 francs), l'art. 8 du décret de 1870 ne contient aucune restriction analogue pour les combustibles. En conséquence, l'entrepôt doit toujours être accordé pour les combustibles employés dans les établissements industriels.

Les effets militaires expédiés d'une place sur une autre, pour le service de la guerre, ne doivent être vérifiés que dans l'établissement même pour lequel l'expédition est destinée.

Ces chargements sont ordinairement bâchés et disposés de manière que la charrette ne forme à elle seule qu'une sorte d'emballage unique, emballage qu'on ne saurait facilement déranger pour en extraire des objets de fraude.

On doit donc, dans les villes de passage, se borner à examiner si l'ensemble de cet arrangement a été changé et, s'il ne l'a pas été, à surveiller le chargement pendant le séjour, ainsi qu'on le fait pour tous les autres objets qui peuvent intéresser les perceptions.

Quant aux villes de destination, l'on ne peut se dispenser d'y opérer des vérifications exactes ; mais il faut y procéder en écartant les inconvénients signalés.

Dans les villes où le personnel est tellement restreint qu'on ne saurait, en quelque sorte, détacher des entrées un ou deux préposés, sans suspendre toute surveillance et exposer la perception, l'attention des employés qui circulent doit être appelée, à partir du bureau de l'octroi jusqu'au lieu de la visite, sur tout transport sujet à être inspecté dans l'établissement pour lequel il est destiné.

Les refus de visite, la résistance aux vérifications des employés, dans les cas même où il n'y aurait pas lieu à perception, sont des actes de rébellion et doivent être réprimés par les moyens que la loi indique.

6° Règles spéciales aux boissons.

Aucun enlèvement ni transport de boissons ne peut avoir lieu sans une déclaration préalable de l'expéditeur et sans que le conducteur soit muni d'un *titre de mouvement* ou expédition.

Il y a quatre espèces de titres de mouvement :

Le *congé*, le *passavant*, le *laissez-passer* et l'*acquit-à-caution*.

Lorsque les droits sont payés *au comptant*, le receveur buraliste délivre un *congé*. Toutefois, les marchands en gros peuvent obtenir, sous certaines conditions, la remise de registres d'où ils détachent eux-mêmes les congés qui peuvent leur être nécessaires pour le transport des vins enlevés de leurs magasins.

Le *passavant* ne sert plus aujourd'hui que pour les boissons accompagnées de congés qui reçoivent un changement de destination en cours de route.

Les marchands en gros ou récoltants, quand il n'y a pas de recette buraliste à leur résidence, sont autorisés à demander à la Régie un registre 5 *bis* d'où ils détachent eux-mêmes des *laissez-passer* qui servent de titre de mouvement jusqu'au premier bureau de passage, où un titre régulier leur est remis. Au delà de ce bureau, ce laissez-passer n'a plus de valeur et ne préserve pas d'un procès-verbal.

Les marchands en gros qui expédient ou reçoivent en vertu d'un seul acquit des chargements de boissons trop considérables pour être transportés en une seule fois de leurs magasins à la gare ou inversement, peuvent obtenir autant de bulletins de subdivision n° 5 *ter* qu'ils effectuent de transports. Les récoltants peuvent obtenir la même faveur.

L'*acquit-à-caution* est nécessaire toutes les fois que les droits ne sont pas payés au comptant ; cependant, depuis quelques années, l'Administration délivre aux négociants des *acquits en droits acquittés*.

L'acquit-à-caution est un titre de mouvement par lequel le soumissionnaire s'engage, solidairement avec une caution, à représenter les boissons au lieu d'arrivée, sous peine de payer le double du droit garanti.

Le coût de l'acquit-à-caution est de 0 fr. 50, timbre compris ; il est déchargé après représentation des boissons et paiement des droits à l'arrivée, ou prise en charge des boissons au compte du destinataire. A défaut de décharge, comme nous venons de le dire, la caution doit, solidairement avec le soumissionnaire, acquitter le double droit.

L'Administration admet que les directeurs d'entreprise de transports à longue distance par voie de fer ou d'eau, ou leurs représentants, chefs de gare, etc., se substituent aux expéditeurs pour échanger les acquits en cours de transport, et pour leur donner une nouvelle destination. Dans ce cas, les transporteurs et leurs cautions s'obligent directement envers la Régie et demeurent responsables des droits.

Les titres de mouvement sont demandés en général par un écrit appelé *soumission* parce que l'expéditeur se soumet à certaines obligations.

Ces soumissions doivent indiquer : les quantités, espèces et qualités des boissons ; les lieux d'enlèvement et de destination ; les dates et heures de l'enlèvement : les noms, prénoms, demeure et profession des expéditeurs, voituriers, acheteurs et destinataires.

Les titres de mouvement doivent être présentés aux bureaux d'octroi, et ils servent de base à la perception des droits locaux.

Tolérances à la circulation de boissons par petites quantités.

L'article 18 de la loi du 28 avril 1816 dispose que les voyageurs peuvent transporter librement, jusqu'à concurrence de trois bouteilles par personne, les vins destinés à leur usage pendant le voyage.

Dans les agglomérations de 4.000 âmes et au-dessus, les épiciers et autres débitants peuvent livrer sans expédition aux simples particuliers 6 litres de vins ordinaires ou de cidres, 3 litres (en volume) de vermouts et vins de liqueur ou d'imitation et 2 litres (en volume) de spiritueux.

Pour les campagnes, la tolérance est de 4 litres pour les vins ordinaires et de 6 litres pour les cidres ; il n'existe pas de tolérance pour le transport des spiritueux. (Circ. n° 595, du 18 janv. 1905.)

Les boissons que les marchands en gros détiennent avec le crédit des taxes sont nécessairement exclues des tolérances accordées pour la libre circulation des petites quantités de boissons. (Circ. n° 525, du 11 août 1888.)

L'Administration admet, jusqu'à concurrence, pour un même destinataire, de 3 litres pour les vins ordinaires, d'un litre pour les vins de liqueur et d'un litre d'alcool pour les spiritueux, la libre circulation des échantillons de commerce renfermés dans des flacons dont la contenance ne dépasse pas 25 centilitres pour les vins et 10 centilitres pour les spiritueux. Les quantités enlevées des magasins de gros dans ces conditions ne sont pas inscrites en décharge au compte des commerçants. Lorsque les envois d'échantillons par flacons de 25 centilitres et au-dessous à l'adresse du même destinataire excèdent la limite de 3 litres pour les vins ordinaires, les droits sont perçus à raison du volume effectif. Si les vins sont transportés en flacons d'une contenance supérieure à 25 centilitres, ils restent assujettis aux formalités de circulation et au paiement des droits d'après les bases déterminées par la loi, c'est-à-dire à raison d'un demi-litre par flacon de 25 à 50 centilitres. (Circ nos 256, du 16 janv. 1879; 340, du 31 juillet 1882, et 525, du 11 août 1888.)

Le simple consommateur ne peut effectuer ordinairement que des transports de chez lui chez lui ; autrement il ferait un véritable commerce qui le rendrait sujet à la déclaration et à la licence. Cependant, lorsqu'un consommateur reçoit une pièce, une caisse ou un panier de vin pour le partager avec d'autres personnes, et que l'expéditeur a énoncé dans sa déclaration, outre le nom et le domicile du destinataire principal, *ceux des copartageants et la quantité destinée à chacun d'eux*, le buraliste doit délivrer, pour les transports partiels, des passavants du registre n° 3 B, lors même que les vins en cercles auraient été transvasés en bouteilles ou en vaisseaux d'une contenance inférieure à l'hectolitre. (Art. 99 de la loi du 28 avril 1816.)

Vins, cidres, poirés et hydromels.

Les vins, les cidres, poirés et hydromels tant en cercles qu'en bouteilles ne supportent, en tous lieux et quelle qu'en soit la quantité, qu'un droit unique qui est le droit de circulation. Ce droit est fixé :

A 1 fr. 50 par hectolitre en volume pour les vins ;

A 0 fr. 80 par hectolitre en volume pour les cidres, poirés et hydromels.

Les expéditions à délivrer sont :

1° Un laissez-passer 3 D : *a*) pour les vins, cidres et poirés qu'un récoltant fait transporter de son pressoir ou d'un pressoir public à ses caves et celliers, ou de l'une à l'autre de ses caves dans l'étendue du canton où la récolte est faite et des communes limitrophes de ce canton ; *b*) pour les boissons de même espèce qu'un colon partiaire, fermier ou preneur à bail emphytéotique à rente remet au propriétaire, ou reçoit de lui, dans les mêmes limites, en vertu de baux authentiques ou d'usages notoires ;

2° Un acquit-à-caution pour les envois à destination des marchands en gros en tous lieux autres que ceux de l'intérieur de Paris, de l'étranger ou des colonies françaises ;

3° Un congé ou un acquit-à-caution pour les envois à destination des débitants de boissons établis dans les agglomérations de moins de 4.000 habitants ;

4° Un congé du registre n° 1er dans tous les autres cas.

Vendanges.

A l'exception des raisins de table, les vendanges fraîches circulant hors de l'arrondissement de récolte et des cantons limitrophes sont soumises, quelle que soit la quantité transportée, aux mêmes formalités à la circulation que les vins et passibles du même droit, à raison de 2 hectolitres de vin par 3 hectolitres de vendanges.

Il en est de même pour les vendanges introduites, en toute quantité, dans une région délimitée par application de la loi du 5 août 1908. (*Art. 30 de la loi de finances du 8 avril 1910*; *circ. n° 830, du 11 avril 1910.*)

Alcools, vermouts, vins de liqueur et produits assimilés.

Le droit général de consommation sur les eaux-de-vie, esprits, liqueurs, etc., est de 220 francs par hectolitre d'alcool pur ; les droits d'entrée perçus au profit du Trésor sont maintenus aux tarifs actuels.

Les absinthes et similaires, les bitters, les amers et toutes les boissons apéritives autres qu'à base de vin supportent en tous lieux, en addition au droit général de consommation, une surtaxe de 50 francs par hectolitre d'alcool pur, avec un minimum d'imposition de 65° pour les absinthes et similaires et de 30° pour les bitters, amers et autres boissons apéritives. Ce minimum d'imposition n'est applicable qu'à l'égard de la surtaxe, pour les amers, bitters, etc...

Les vermouts et vins de liqueur ou d'imitation sont imposés pour leur force alcoolique totale et passibles des droits entiers de consommation et d'entrée, avec un minimum de perception de 15° pour les vins de liqueur ou d'imitation proprement dits et de 16° pour les vermouts, vins de quinquina et similaires.

Pour la perception du droit d'octroi, les vermouts et vins de liqueur ou d'imitation demeurent passibles des demi-droits jusqu'à 15° et des droits pleins au-dessus de 15°, avec les mêmes minima que ci-dessus ; toutefois, pour les vins de quinquina et similaires, le minimum d'imposition est de 16°.

Les mistelles importées de l'étranger ou préparées à l'intérieur et livrées directement à la consommation sont soumises au même régime que les vins de liqueur, c'est-à-dire qu'elles demeurent passibles du droit plein de l'alcool, mais avec un minimum d'imposition de 15°.

Les expéditions à délivrer sont :

1° Quelle que soit la qualité du destinataire, un acquit-à-caution pour tous les envois à destination des villes d'une population agglomérée de 4.000 habitants et au-dessus et des communes, quelle qu'en soit la population, où il existe des taxes d'octroi sur l'alcool ;

2° Un acquit-à-caution également pour les envois à destination des marchands en gros, des débitants, en quelque lieu que ce soit, de l'étranger ou des colonies françaises ;

3° Un congé n° 4 B, 4 C, ou 4 E dans le cas d'envoi à un simple particulier dans une localité autre que celles d'une population agglomérée de 4.000 habitants et au-dessus, et des communes, qu'elle qu'en soit la population, où il existe des taxes d'octroi sur la ville.

Les vins (sauf les exceptions prévues pour les vermouts, les vins de liqueur ou d'imitation, les vins alcoolisés et les liquides alcooliques non dénommés, les cidres, les poirés, les hydromels, sont imposés en raison de leur quantité, et nullement en raison de leur qualité ou de leur force. Les préposés ont donc seulement à reconnaître que les liquides vérifiés sont du vin, du cidre, du poiré, de l'hydromel. Communément, pour se prononcer à cet égard, il suffit de voir le liquide. Cependant l'œil peut être trompé ; la dégustation, quelquefois même la distillation (*circ. n°s 25, du 3 avril 1852 ; 139, du 29 août 1853*), peuvent être nécessaires ; mais, en toute hypothèse, pour la vérification, une quantité infiniment petite est toujours suffisante.

En ce qui concerne les eaux-de-vie, les fruits à l'eau-de-vie, les liqueurs et les esprits, on ne peut se borner à en reconnaître la nature, il faut encore constater leur force, leur degré alcoolique ; mais les préposés ne doivent extraire des futailles, des vases contenant les eaux de-vie, etc., que la seule quantité strictement indispensable pour remplir jusqu'au point voulu le tube dans lequel le thermomètre et l'alcoomètre doivent être plongés.

Ce qui est prescrit aux préposés, ce qui doit leur être interdit, a été défini dans les termes suivants :

Les préposés ont la faculté de déguster les boissons et liquides pour s'assurer de la sincérité de la déclaration ; mais ils ne peuvent, sous peine de destitution et de dommages-intérêts, extraire des vases qui contiennent ces boissons et liquides que les quantités rigoureusement nécessaires pour en faire la vérification, avec l'obligation expresse de remettre dans les vases, toutes les fois que la chose est possible, le reste des quantités qui auront servi à la vérification. Les préposés ne se serviront que de tasses ou étuis d'alcoomètre dont chaque receveur est pourvu. Lorsqu'il y a impossibilité de reverser le reste dans les vases, ce reste doit toujours être remis au conducteur, ou jeté sur le pavé si le conducteur ne veut pas s'en charger ; il ne peut, sous peine de révocation et de dommages-intérêts, être retenu par les préposés.

Ces dispositions, qui, sur la demande expresse des

conseils municipaux, ont été introduites dans plusieurs décrets relatifs à la perception des droits d'octroi, posent des règles, donnent des exemples qui peuvent être généralement et utilement suivis.

La perception des octrois étant faite sous la surveillance du maire, du sous-préfet (*art. 147 de la loi de 1816*), ces magistrats, qui certainement veulent que le service des octrois ne suscite pas de plaintes fondées, ont tous les pouvoirs nécessaires pour contenir dans les limites qui sont ci-dessus définies l'action des préposés vérificateurs.

Quel que soit le mode de gestion (régie simple, ferme, traité avec la régie), les employés des contributions indirectes peuvent prendre part aux vérifications de l'octroi (*art. 53 du décret du 1er germinal an XIII; art. 92 de l'ordonnance de 1814*). Toutes les fois qu'ils usent de leur droit à cet égard, ils veillent à ce que l'opération soit faite régulièrement.

Droit d'entrée dans les communes d'une population agglomérée.

De	4.000 à 6.000 âmes.	7 50
—	6.001 à 10.000 —	11.25
—	10.001 à 15.000 —	15.00
—	15.001 à 20.000 —	18.75
—	20.001 à 30 000 —	22.50
—	30.001 à 50.000 —	26.25
—	50.001 âmes et au-dessus . . .	30.00

Droit général de consommation.	Alcool pur contenu dans les eaux-de-vie, esprits, liqueurs, fruits à l'eau-de-vie, absinthes et autres liquides alcooliques non dénommés par hectolitre d'alcool pur. . . .	220 »
	Surtaxe sur les absinthes et similaires, les bitters, les amers, et sur toutes les boissons apéritives autres qu'à base de vin (par hectolitre d'alcool pur.) Avec un minimum d'imposition de 65° pour les absinthes et similaires et de 30° pour les bitters, amers et autres boissons apéritives. . . .	50 »

Vermouts, vins de quinquina vins de liqueur ou d'imitation.

Les vermouts et vins de liqueur ou d'imitation sont imposés pour leur force alcoolique totale et passibles des droits entiers de consommation et d'entrée, avec un minimum de perception de 15° pour les vins de liqueur ou d'imitation proprement dits et de 16° pour les vermouts, vins de quinquina et similaires.

Pour la perception du droit d'octroi, les vermouts et vins de liqueur ou d'imitation sont passibles des demi-droits jusqu'à 15° et des droits pleins au-dessus de 15°, avec les mêmes minima que ci-dessus; toutefois, pour les vins de quinquina et similaires, le minimum d'imposition est de 15°.

Mistelles.

Les mistelles, importées de l'étranger ou préparées à l'intérieur et livrées directement à la consommation, sont soumises au même régime que les vins de liqueur ou d'imitation, c'est-à-dire qu'elles demeurent passibles du droit plein de l'alcool, mais avec un minimum d'imposition de 15°.

Vins autres que les vins de liqueur ou d'imitation, titrant plus de 15 degrés.

Ces vins sont passibles des doubles droits de consommation (440 fr.), d'entrée et d'octroi pour la quantité d'alcool pur au-dessus de 15°. Toutefois, ceux qui ont été reconnus comme présentant naturellement une force alcoolique supérieure à 15° sans dépasser 18° et qui ont été marqués, au départ, chez le récoltant expéditeur, avec mention sur l'acquit-à-caution, sont affranchis des doubles droits dont il s'agit.

COMPTABILITÉ DES OCTROIS

Certains imprimés spéciaux se rencontrent sous différentes formes, dans les divers octrois, pour les expéditions tout à fait locales, telles que laissez-passer, permis d'introduction à l'abattoir ou autres ; mais on trouve dans tous les octrois des registres prescrits et fournis par l'Administration des contributions indirectes, et portant comme désignation des lettres ou des chiffres ; ce sont les suivants : A, B, BB, C, DD, E, T, 110 A, 4 C-10, 4 B-10, 11, 15, 33 B, Bordereau G, Feuilles. F et F *bis*, 4 E-10.

Nous ne reproduisons pas ici la contexture de ces registres : les employés peuvent les consulter dans les bureaux auxquels ils sont attachés ; mais nous donnons l'instruction indiquant comment on se sert de chacun de ces registres.

Registre A.

C'est à ce registre que sont inscrites les déclarations d'objets devant donner lieu à une recette immédiate ; il doit être coté et paraphé par le maire.

Afin d'accélérer la délivrance des ampliations, il y a lieu de remplir à l'avance les numéros ainsi que les noms du département et de la commune.

L'instruction suivante est insérée au recto de la dernière page :

« Le présent registre, divisé en deux parties, est spécialement affecté à la perception des droits d'octroi sur tous les articles compris au tarif, à l'exception des boissons et liquides, lorsqu'ils sont imposés en même temps au profit du Trésor ; ils donnent lieu, dans ce cas, à un enregistrement commun sur le registre appartenant à la série des contributions indirectes. »

La première partie du registre A est destinée à l'inscription des déclarations et à la délivrance des quittances ; l'autre, servant de relevé d'articles et de registre de classification, doit indiquer, par nature d'objets, le résultat des déclarations et le montant des droit perçus ensuite de chacun.

Dans les communes où le tarif embrasse un grand nombre d'objets, aussi bien que dans les bureaux où l'affluence des redevables exige qu'il soit reçu simultanément plusieurs déclarations, on pourra faire ouvrir autant de volumes des deux parties de ce registre qu'il y a de chapitres au tarif, c'est-à-dire un pour les boissons, un pour les comestibles, un pour les fourrages, un pour les combustibles et un pour les matériaux. Il existe un petit nombre d'octrois où ce dernier chapitre pourra exiger plusieurs volumes ; dans beaucoup d'autres, le même volume pourra réunir deux chapitres, et enfin il y en a plusieurs qui, ne portant pas sur plus de seize objets, n'auront besoin que d'un volume de chaque partie. Les chefs de service adopteront à cet égard la division la plus commode et la plus économique.

Les receveurs doivent, autant qu'il est possible, transporter les articles de la première partie sur la seconde, à mesure de l'enregistrement, où au moins mettre celle-ci à jour tous les soirs.

On doit inscrire dans les titres des colonnes intitulées : désignation et nombre des objets (seconde partie du registre), le nom de l'objet, le taux auquel il est imposé au tarif et la mesure, la quantité ou le poids qui servent de base au calcul. Exemple : Fagots à 2 francs le cent ; chaux à 10 centimes l'hectolitre. »

Ainsi qu'on vient de le voir, le registre A est divisé en deux parties : la première comprend la rédaction des quittances et de leur souche. On ne saurait apporter trop d'attention dans leur confection : la date, l'heure, le nom de l'introducteur, l'endroit où la marchandise doit être conduite, la quantité et la somme perçue sont des énonciations qui doivent être relatées avec soin et en toutes lettres. Les ratures et les surcharges sont interdites, et quand des mots sont rayés pour une cause quelconque, il faut mettre la mention suivante : « Approuvé.... mots rayés nuls. »

En ce qui concerne le droit d'octroi perçu sur les vins accompagnés de congés, il est recommandé de rappeler tant sur la souche que sur l'ampliation au registre A le numéro et le nom de la recette buraliste où il a été délivré.

Les émargements dans le cadre *ad hoc* doivent être effectués au fur et à mesure.

La seconde partie est le dépouillement en même temps que le classement de la première.

On peut reporter quittance par quittance ou plusieurs à la fois ; il appartient au chef de service d'adopter à cet égard telle mesure qui lui paraît nécessaire, toutefois il semble préférable, pour éviter des erreurs et faciliter le contrôle, de faire le report à la seconde partie, quittance par quittance.

Dans les octrois d'une importance moyenne, on peut faire ce travail à la fin de chaque journée.

On trouvera ci-contre un modèle pour la tenue d'une seconde partie.

Cette brochure visant le côté pratique des fonctions de l'employé d'octroi, il est bon d'ajouter que les receveurs doivent pour les objets compris au tarif, et qui entrent en grande quantité, dresser autant que possible des barèmes. Ce travail n'est prescrit par aucune instruction administrative, mais comme il est de nature à accélérer la délivrance des expéditions, il ne doit pas être négligé.

Registre B.

Le registre B est destiné à recevoir les déclarations des personnes qui ne font que traverser la ville avec des objets assujettis seulement aux droits d'octroi, ou qui doivent séjourner moins de vingt-quatre heures. Dans ce dernier cas, il est essentiel de compléter la mention mise au bas des souches : « Doit loger à... »

Les droits doivent être consignés ou cautionnés, à moins qu'une escorte soit accordée sur la demande de l'introducteur.

Visa et dates des arrêtés.	Numéros des enregistrements à la première partie du registre.	Nombre de timbres délivrés.	DÉSIGNATION ET NOMBRE DES OBJETS soumis au droit d'après leur nombre et leur taxe.								Total général.
			Sainfoin.		Foin de pré.		Paille.		Avoine.		
			Quantités.	Les 100 k. 0 50	Quantités.	Les 100 k. 0 35	Quantités.	Les 100 k. 0 35	Quantités.	l'hectolitre 0 50	
20 janv. 1892.	14 à 24	11	4.000	20 »	3.000	10 50	10.000	35 »	100	50 »	115 50

Registre B *bis*.

Tout conducteur d'objets passibles de droits d'octroi, lorsqu'il traverse seulement le lieu sujet, peut être dispensé de la consignation des droits ou du cautionnement et de l'obligation de se munir d'un passe-debout B spécial audit lieu s'il produit un titre de mouvement dit « passe-debout intercommunal », délivré par le service de l'octroi d'une autre commune (Reg. B *bis*).

Cette faculté n'existe que si elle est expressément prévue par les règlements locaux d'octroi qui doivent déterminer dans quelles conditions sont délivrés et apurés les passe-debout intercommunaux B *bis*, ainsi que les garanties et formalités à exiger lorsque les périmètres d'octroi des communes intéressées ne sont pas contigus... Ce passe-debout B *bis* ne peut être délivré pour des boissons et liquides soumis à des droits d'entrée au profit de l'Etat. *(Décret du 26 avril 1913 ; circ. n° 981, du 26 mai 1913)*

Registre BB.

1° On doit inscrire sur ce registre, jour par jour et au fur et à mesure des opérations, toutes les consignations de droits d'octroi constatés sur le registre de passe-debout, ainsi que les dépenses résultant des remboursements, des conversions en perception définitive et des versements au receveur municipal.

2° La recette et la dépense doivent être additionnées et arrêtées de la manière suivante :

Total du mois. . . . .
Report des mois antérieurs. . . .
Total général. . . .

3° La différence qui existera entre la recette et la dépense formera le montant des consignations que le receveur conservera comme susceptibles d'être incessamment remboursées.

4° On aura soin d'indiquer, en regard de chaque

article de recette ou dépense, dans la colonne à ce destinée, le numéro de l'article correspondant de dépense ou de recette.

En ce qui concerne les consignations des passe-debout, si les consignations sont conservées par les receveurs d'octroi pour subvenir aux remboursements, ces comptables doivent remettre au receveur municipal, à la fin de chaque mois, les relevés G *ter* des recettes et des dépenses.

Si, au contraire, ces consignations sont versées à la recette municipale, les receveurs produisent à l'appui de leurs versements un relevé modèle G *quater*. Les sommes inscrites sur les relevés G *ter* et G *quater* doivent être conformes à celles figurant sur le registre BB et portées sur le registre du receveur municipal comme opérations diverses.

Registre C.

Lorsque les transporteurs d'objets assujettis aux droits, et qui sont munis d'un passe-debout, se trouvent dans la nécessité de séjourner plus de vingt-quatre heures dans le lieu sujet, ils en font la déclaration qui est reçue au registre C Les déclarations de mise en transit d'objets accompagnés d'un bulletin DD sont également reçues à ce registre.

Registre D.

Ce registre sert à enregistrer les déclarations d'introduction d'objets passibles du droit d'octroi seulement, faites par les contribuables autorisés à jouir du bénéfice de l'entrepôt.

Une instruction y annexée donne des explications très claires et très étendues sur la façon dont les expéditions doivent être libellées ; nous la reproduisons ci-après :

1° Dans tout lieu sujet au droit d'octroi, il sera ouvert un registre sur lequel seront inscrites les déclarations que sont tenus de faire les propriétaires ou négociants qui sont admis à jouir de la faculté d'entrepôt, avant l'introduction des marchandises.

2° Semblable déclaration sera exigée de tout négociant qui, jouissant de l'entrepôt à domicile, voudra faire entrer dans ses magasins des marchandises provenant de chez un propriétaire ou un négociant du lieu sujet.

3° Ces déclarations seront reçues sur le présent registre. Toutefois, dans les villes d'une population agglomérée de 4.000 âmes et au-dessus, où il est perçu un droit d'entrée au profit du Trésor public, les déclarations d'entrepôt pour les boissons et liquides soumis à ce droit d'entrée (vins, cidres, alcools et huiles autres que les huiles minérales) seront inscrites au registre n° 13 spécial au service des contributions indirectes.

4° Les préposés devront s'assurer que les personnes admises à jouir de l'entrepôt font entrer, la première fois, une quantité au moins égale au minimum fixé par le règlement local.

5° Les personnes qui font des déclarations d'entrepôt pour des vins, des cidres, des spiritueux, des alcools dénaturés et des vinaigres sont tenues de représenter les acquits-à-caution, congés ou passavants qui accompagnent ces boissons et liquides. Dans les communes non sujettes au droit d'entrée, ces expéditions seront analysées à la souche de ce registre.

6° Toutes les déclarations d'entrepôt doivent être faites par les propriétaires et les négociants eux-mêmes ou par les personnes, munies de leurs pouvoirs. En conséquence, les marchandises qui, sur la déclaration d'autres personnes seront introduites à destination d'un entrepôt, donneront lieu pour la garantie des droits à la délivrance d'un passe-debout qui sera échangé par l'entrepositaire contre un bulletin d'entrepôt.

7° Les déclarations d'entrepôt seront toujours signées par les personnes qui les auront faites. Elles devront indiquer exactement la quantité, l'espèce et la qualité des marchandises et, dans le cas où l'entrepôt est fictif, les caves, celliers, magasins, etc., où l'on voudra les déposer.

8° On délivrera, pour chaque déclaration d'entrepôt, un bulletin d'après lequel les marchandises seront introduites sans payer le droit d'octroi.

9° On exigera pour chaque expédition de cette espèce 10 centimes pour le prix du timbre.

10° Les numéros d'enregistrement des déclarations se suivront sans interruption du commencement à la fin de chaque exercice ; par conséquent, lorsqu'un registre se trouvera rempli dans le courant de l'année, on continuera au registre nouveau la série commencée.

11° On ne délivrera jamais de bulletin sans enregistrement d'une déclaration.

12° Chaque bulletin délivré devra porter le même numéro que la déclaration.

13° Les agents qui tiennent les comptes d'entrepôt auront soin d'annoter au registre, au bas de chaque déclaration, le folio de prise en charge à leur portatif.

A cette instruction, nous ajouterons que, pour éviter toute erreur, il est bon de tenir au courant un tableau indiquant le nom des entrepositaires et la nature des marchandises entreposées.

Registre DD.

1° Le présent registre est destiné à recevoir les déclarations d'enlèvement faites par les entrepositaires pour les objets non soumis aux droits du Trésor, qu'ils expédient en dehors du lieu sujet à l'octroi ou chez un autre entrepositaire.

2° La sortie de ces objets sera inscrite après vérification au registre E. Le numéro et la date du libellé d'enregistrement seront reportés dans le certificat de sortie imprimé au dos de la déclaration : on aura soin d'y désigner aussi, dans les espaces réservés à cet effet, l'objet et la quantité reconnus à la sortie.

3° Lorsque l'entrepositaire ne pourra faire partir dans le délai déterminé pour l'enlèvement les objets désignés dans la déclaration, il devra la rapporter avant l'expiration de ce délai au bureau de l'octroi où elle sera convertie selon qu'il y aura lieu soit en bulletin d'entrepôt ou de transit, soit, en cas de livraison à l'intérieur, en quittance de perception. L'annotation de cette conversion sera faite dans les colonnes marginales, ainsi que dans le second ordre placé au verso de la déclaration.

4° Les numéros d'enregistrement se suivront sans interruption pendant toute la durée de l'exercice. Par conséquent, lorsqu'un registre se trouvera rempli dans le courant de l'année, on continuera au registre nouveau la série commencée.

5° On donnera toujours à la déclaration d'enlèvement le même numéro qu'à l'enregistrement auquel elle se rapportera.

6° On ne livrera jamais plusieurs déclarations d'enlèvement pour un seul enregistrement, ni une seule déclaration pour plusieurs enregistrements.

7° Toute déclaration d'enlèvement détachée de la souche sera considérée comme ayant été délivrée.

8° Il ne devra, sous aucun prétexte, être délivré de duplicata des déclarations d'enlèvement. Tout duplicata qui accompagnerait seul un chargement serait regardé comme nul.

9° Les blancs des déclarations seront toujours remplis en toutes lettres, tant à la souche qu'à l'ampliation.

10° Lorsqu'il y aura des ratures ou surcharges, on aura soin de les approuver.

11° On n'exigera, par chaque déclaration d'enlèvement délivrée, que le coût du timbre, qui est de 10 centimes. Toutefois, lorsque les quantités expédiées ne donneraient pas lieu à la perception d'un droit de 0 fr. 50, si elles étaient livrées à la consommation locale, le prix du timbre ne sera pas perçu ; ce timbre sera annulé et restera attaché à la souche.

12° Les déclarations d'enlèvement seront toujours présentées à la signature des personnes qui les auront faites.

Cette instruction peut être complétée en disant que les entrepositaires peuvent se délivrer des expéditions eux-mêmes en se faisant fournir des registres par l'administration des octrois.

Registre E.

Registre de sortie des objets soumis aux droits d'octroi seuls.

Ainsi que le procès-verbal de pagination l'indique, le registre E sert à enregistrer les certificats de sortie pour toutes les matières autres que celles qui sont soumises au droit d'entrée. On verra plus loin que les constatations de sorties pour les objets soumis aux droits d'octroi et d'entrée sont inscrites au n° 15.

La tenue du registre E est très simple ; elle ne comporte aucune explication. Il est seulement utile de veiller à ce qu'il soit servi au fur et à mesure des vérifications et à ce qu'il soit numéroté à l'avance.

Les vérificateurs doivent rapprocher le registre E des passe-debout et bulletins d'enlèvement qui y sont inscrits.

Registre E *bis*.

Ce registre sert à enregistrer les sorties de vin faites par les entrepositaires. Le titre de mouvement accompagnant les boissons doit être représenté à la barrière muni de son volant, lequel est détaché et retenu par l'octroi qui délivre en échange, après vérification du chargement, un certificat de sortie extrait du registre E *bis*. Pour toutes les expéditions de régie accompagnant un chargement et des boissons de même nature venant de chez le même entrepositaire, il n'est fait qu'un seul enregistrement au registre E *bis*.

Etat E *ter*.

Les volants des acquits ou congés sont retirés chaque jour des bureaux de sortie pour être classés au bureau central par nature d'expédition, par recette buraliste ou par marchand en gros, et par numéro d'ordre.

Si des volants viennent à manquer, les numéros en sont relevés à l'état E *ter*, lequel est communiqué chaque trimestre au chef local de la régie et annoté en conséquence. L'état E *ter* est ensuite renvoyé au préposé en chef pour la suite à donner en ce qui concerne les sorties qui n'auraient pas été justifiées.

Registre T ou du petit comptant.

Ce registre, communément appelé « petit comptant », est destiné à enregistrer les perceptions ne dépassant pas 50 centimes ; il n'est pas timbré et a été créé pour éviter aux contribuables un paiement accessoire de 10 centimes pour des sommes minimes.

Le total des perceptions effectuées à ce registre doit être reporté chaque soir au registre A dans les bureaux importants et au moins avant les arrêts dans les autres.

Tickets.

Dans plusieurs villes il est fait usage de tickets à souche principalement dans les gares, afin de faciliter l'acquittement des droits sur les objets qu'introduisent en ville les voyageurs. Les perceptions doivent être reportées tous les soirs sur les registres ordinaires.

Registre 1.10 A.

Ce registre sert uniquement et dans des cas fort rares aujourd'hui à l'enregistrement des droits de circulation perçus sur les vins parvenus dans une ville rédimée, accompagnés d'un acquit-à-caution au lieu d'un congé. Dans ce cas le droit d'octroi est également inscrit sur le registre 1.10 A.

Registre 4 C-10.

1° Ce registre est destiné à la perception des droits locaux d'entrée et de consommation sur les spiritueux de toute nature et de la surtaxe sur les absinthes, bitters, amers et similaires accompagnés d'acquits-à-caution sur papier rose 2 C, 2 CC et 2 C-4, introduits dans les villes d'une population agglomérée de 4.000 habitants et au-dessus et dans les localités où il existe des taxes d'octroi sur l'alcool.

Il est spécial aux bureaux d'entrée. Les bureaux de l'intérieur sont pourvus de registres 4 C ordinaires.

2° Les droits d'entrée et de consommation doivent être exigés au moment même de l'introduction, toutes les fois que le conducteur ne réclame pas un passe-debout et ne remplit pas les formalités voulues en pareil cas, ou qu'il ne représente pas un bulletin d'entrepôt délivré au bureau de l'intérieur.

3° Les droits d'entrée et de consommation doivent toujours être payés comptant. Suivant la loi du 29 décembre 1900, la perception du droit de consommation sera faite à raison de 220 francs, en principal et décimes, par hectolitre d'alcool pur contenu dans les eaux-de-vie et esprits, liqueurs, fruits à l'eau-de-vie et absinthes, tant en cercles qu'en bouteilles.

En vertu de l'article 15 de la loi du 30 janvier 1907, une surtaxe de 50 francs est établie, en addition au droit général de consommation, sur les absinthes et similaires, sur les bitters, les amers et sur toutes boissons apéritives autres qu'à base de vin. Pour les absinthes et similaires, le minimum d'imposition est de 65 degrés, applicable à toutes les taxes générales et locales aussi bien qu'à la surtaxe. Pour les bitters, amers et similaires, le minimum d'imposition est de 30 degrés, applicable seulement à l'égard de la surtaxe.

Dans l'application des tarifs, toute fraction de centime sera considérée comme un centime entier.

4° Tout conducteur de boissons spiritueuses doit en faire la déclaration au bureau d'entrée avant l'introduction.

5° Lorsque la perception se fait à un bureau placé dans l'intérieur, le conducteur ne peut opérer le déchargement des boissons ni les introduire au domicile du destinataire avant d'avoir acquitté les droits dus.

6° Dans l'un et l'autre cas, le déclarant est tenu, en outre, de représenter les acquits-à-caution dont les boissons doivent être accompagnées.

7° Les acquits-à-caution représentés seront toujours visés par le receveur, après vérification du chargement et perception des droits. Ils seront retenus par lui pour être ultérieurement remis aux agents de la Régie.

8° Lorsque les noms et profession du destinataire ou des destinataires auront été laissés en blanc, selon ce qui est autorisé par le deuxième paragraphe de l'article 43 de la loi du 21 avril 1832, le buraliste les inscrira dans la case réservée à cet effet au dos des acquits-à-caution.

Il annotera également au verso de ces expéditions le payement des droits encaissés. En échange de l'acquit-à-caution, les receveurs remettront au conducteur une ou plusieurs ampliations du registre 4 C-10, lesquelles serviront à l'intérieur de titre de mouvement et devront dès lors accompagner le chargement.

9° Tout chargement qui n'est pas accompagné des expéditions nécessaires, ou qui n'est pas en concordance avec les expéditions représentées, est saisissable.

10° Chaque enregistrement doit indiquer exactement le jour et l'heure de l'introduction ; le nom du conducteur ou du déclarant ; les nom, prénoms, demeure et profession ou qualité du destinataire ; le nombre et l'espèce des fûts, bouteilles, caisses ou paniers ; l'espèce et la quantité des liquides qu'ils contiennent ; la force alcoolique ou degré ; la quantité d'alcool soumise aux droits ; le numéro des acquits-à-caution représentés, leur date, le bureau où ils ont été délivrés, et enfin le délai nécessaire pour l'achèvement du transport jusqu'à la destination définitive. Ce délai sera déterminé d'après la distance à parcourir et le mode de transport.

11° Les déclarations relatives aux eaux-de-vie et esprits, aux liqueurs, aux fruits à l'eau-de-vie et aux absinthes, tant en cercles qu'en bouteilles, seront faites en degrés centésimaux, sans fractions.

La table jointe à la loi du 24 juin 1824 sur les eaux-de-vie présente, dans une division de 100 degrés, la richesse proportionnelle en alcool des spiritueux ; en d'autres termes, elle exprime combien ils contiennent de centièmes d'alcool.

Pour trouver la quantité d'alcool pur contenue dans une quantité quelconque d'eau-de-vie, il faut donc multiplier cette quantité par le degré centésimal de l'eau-de-vie et diviser le produit par 100. Le résultat exprimera en centilitres la quantité d'alcool pur à imposer.

Ainsi, pour savoir combien il y a d'alcool pur dans 5 h. 12 litres à 49 degrés, on multipliera 512 par 49/100 ou 0,49 ; le produit sera 2 h. 50 l. 88 centilitres.

12° Les bouteilles ne doivent être comptées que pour leur capacité effective.

Afin d'en déterminer le volume, on multipliera le nombre de centilitres correspondant à la capacité effective par celui des bouteilles.

Le résultat du calcul donnera, en centilitres, le volume qu'il y a lieu de multiplier par le degré des spiritueux pour obtenir la quantité d'alcool imposable. Soit 15 bouteilles de 85 centilitres, renfermant de l'eau-de-vie à 48 degrés ; un premier calcul donnera comme volume de 15 bouteilles × 85 centilitres = 12 l. 75 centilitres ; un deuxième calcul donnera en alcool pur pour 12 l. 75 centilitres × 48° = 6 l. 12 centilitres. Lorsque le résultat de ce dernier calcul présentera des fractions de centilitres, ces fractions seront comptées pour 1 centilitre lorsqu'elles atteindront 5 millilitres et au-dessus ; les fractions de moins de 5 millilitres seront négligées.

13° Le moment de l'introduction sera indiqué en toutes lettres (heures et minutes). Lorsque le départ aura lieu à une heure précise, sans addition de minutes, les espaces blancs réservés, tant à la souche qu'à l'ampliation, pour l'énoncé de la fraction d'heure, devront être remplis par des traits à l'encre très apparents. Il y a lieu de remplir également par des traits à l'encre très apparents tous les blancs qui peuvent apparaître à la souche et à l'ampliation, après l'inscription des heures et des minutes de l'enlèvement.

14° Le délai pour le transport sera fixé par fractions d'heure d'après la distance à parcourir, le mode et les moyens de transport.

15° Les déclarations doivent être présentées à la signature des personnes qui les auront faites.

16° On fera autant d'enregistrements qu'il y aura de destinataires différents.

17° Les numéros d'enregistrement des déclarations seront suivis sans interruption pendant toute la durée de l'exercice ; par conséquent lorsqu'un registre se trouvera rempli dans le courant de l'année, on continuera au registre nouveau la série commencée. Après l'arrêté de fin d'année, on ouvrira une nouvelle série de numéros.

18° L'ampliation du modèle 4 C-10, constituant à l'intérieur des villes l'unique titre de mouvement pour les spiritueux venant du dehors, devra toujours être exactement remplie et ne sera retenue dans aucun cas ni sous aucun prétexte.

19° Le prix du timbre de chaque ampliation est de 10 centimes. Le receveur en est comptable envers la régie.

20° Les spiritueux déclarés aux recettes buralistes de l'intérieur donneront lieu, lorsque les droits seront acquittés à l'enlèvement, à des congés du registre 4 C ordinaire avec quittance, comprenant ensemble deux timbres à 10 centimes chacun, et non pas à des expéditions du registre 4 C-10, spécial aux bureaux d'entrée, lequel ne comporte que la délivrance d'un seul timbre à 10 centimes.

21° On ne délivrera jamais plusieurs ampliations pour un seul enregistrement, ni une seule ampliation pour plusieurs enregistrements.

32° On donnera toujours à l'ampliation le même numéro qu'à l'enregistrement auquel elle se rapportera.

23° On portera les quantités et les sommes en toutes lettres tant à l'enregistrement qu'à l'ampliation.

24° Lorsqu'il y aura des ratures ou surcharges dans l'enregistrement, on aura soin de les approuver.

25° On émargera en chiffres, immédiatement après l'enregistrement des déclarations, les quantités déclarées et les droits perçus, dans les colonnes et les cadres disposés à cet effet. On additionnera chaque colonne et l'on reportera le total à la page suivante, jusqu'à l'époque des arrêtés.

Registre 4 B-10.

1° Le registre 4 B-10 est destiné à la perception des droits d'entrée, de consommation et d'octroi sur les eaux-de-vie, esprits, liqueurs ou fruits à l'eau-de-vie introduits dans les villes d'une population agglomérée de 4.000 habitants et au-dessus et dans les localités où il existe des taxes d'octroi sur l'alcool (pour les chapitres suivants, même instruction que pour le registre 4 C-10).

Pour la perception, toute bouteille de contenance inférieure à un demi-litre sera comptée pour cette quantité. Celles d'une contenance inférieure au litre, mais supérieure au demi-litre, seront comptées pour un litre. Exemples : 40 bouteilles de 45 centilitres doivent être comptées pour 40 demi-litres, soit 20 litres, et 25 bouteilles de 35 centilitres pour 25 demi-litres, soit 13 litres ; 50 bouteilles de 75 centilitres doivent être comptées pour 50 litres.

A l'égard des bouteilles ou vases d'une plus grande contenance, on multipliera le nombre de centilitres correspondant à la capacité effective par celui des vaisseaux ; le résultat du calcul donnera la quantité de litres à porter dans les expéditions et sur laquelle le droit devra être perçu.

Les fractions au-dessous de 50 centilitres seront négligées ; les fractions de 50 centilitres et au-dessus seront comptées pour un litre.

Lorsque la même expédition énonce des bouteilles ou vases d'une contenance supérieure au litre et de différents calibres, il y a lieu pour déterminer le nombre de litres imposable, de réunir les fractions spéciales aux bouteilles ou vases de chaque calibre, la fraction résultant de l'addition étant seule forcée ou négligée.

Exemples : 25 bouteilles de 125 centilitres donnent

31 l. 25 centilitres, à compter pour 31 litres; 10 bouteilles de 175 centilitres donnent 17 l. 50 centilitres, à compter pour 18 litres ; enfin 25 bouteilles de 125 centilitres et 10 bouteilles de 175 centilitres expédiées en vertu du même titre de mouvement donnent 49 litres, savoir :

$$\left.\begin{array}{l}25 \times 125 = 31.25 \\ 10 \times 175 = 17.50\end{array}\right\} \text{48.75 en forçant 49 litres.}$$

Registre n° 11.

1° On doit inscrire sur ce registre les boissons et les préparations à base alcoolique en cours de transport qui entrent dans les lieux sujets aux droits d'entrée et d'octroi, pour les traverser ou y séjourner temporairement, et celles que l'on y amène pour être vendues au marché. A défaut de déclaration préalable d'entrepôt, on y inscrit également les boissons et les préparations à base alcoolique qui sont destinées à des entrepositaires.

2° Toutes les boissons et les préparations à base alcoolique en cours de transport doivent être considérées, aux bureaux d'entrée, comme boissons en passe-debout, lors même qu'elles ont à s'arrêter dans le lieu pendant plusieurs jours ; attendu que, dans ce dernier cas, c'est au bureau central de la régie que le conducteur des boissons doit faire dans les 24 heures de l'arrivée sa déclaration de séjourner afin de jouir du transit.

3° Les boissons conduites aux foires et marchés seront assimilées aux boissons en passe-debout, et les conducteurs soumis aux mêmes formalités pour la garantie des droits.

4° Ces formalités de la part des conducteurs consistent à se faire cautionner par quelqu'un du lieu ou bien à consigner le montant des droits.

5° On n'exigera ni l'une ni l'autre de ces formalités lorsque les chargements, ne devant que traverser les lieux, pourront être accompagnés par des préposés jusqu'aux bureaux de sortie. On ne se dispensera pas, en pareil cas, d'enregistrer les boissons à leur entrée, et de délivrer le passe-debout, qui devra être rapporté, revêtu du certificat de sortie, par les préposés qui auront accompagné les boissons.

6° Tout conducteur de boissons en passe-debout est tenu de représenter aux bureaux d'entrée les congés, passavants ou acquits-à-caution dont il est porteur.

7° Les expéditions représentées seront visées dans ces bureaux après vérification et enregistrement.

8° On relatera toujours, dans les enregistrements et les visa, l'heure précise de l'introduction des boissons.

9° Lorsque les boissons en passe-debout auront à séjourner dans la commune, le conducteur sera tenu de déclarer l'auberge où il voudra s'arrêter, et il en sera pris note au bas de l'enregistrement.

10° Les droits consignés seront remboursés sur la représentation soit de bulletins d'entrepôt ou de certificats constatant la sortie des boissons dans les 24 heures, soit de quittances constatant le paiement des droits pour celles qui seront vendues aux foires et marchés pour la consommation de la commune.

11° Les consignations seront converties en perception définitive lorsque les bulletins d'entrepôt, les certificats de sortie ou la quittance des droits n'auront pas été rapportés, ou bien lorsque, la sortie des boissons n'ayant pas été effectuée dans les 24 heures, on n'aura pas justifié d'une déclaration de transit faite dans cet intervalle au bureau central de la régie.

12° Lorsque, dans ces différents cas, les droits n'auront pas été consignés, on en poursuivra le recouvrement en s'adressant d'abord aux soumissionnaires des passe-debout, puis aux personnes qui se sont rendues cautions.

13° Lorsqu'il aura été fait une déclaration de transit pour justifier la suspension du transport des boissons ou des préparations à base alcoolique introduites en passe-debout dans une commune, la consignation ou le cautionnement des droits subsistera pendant toute la durée du séjour.

14° Le chef de la division administrative (directeur ou sous-directeur) pourra, au besoin, fixer un délai plus long que celui du passe-debout ordinaire pour la sortie des boissons amenées à des foires dont la durée excéderait 24 heures. Cette mesure dispensera les particuliers des déclarations de transit auxquelles ils seraient assujettis si l'on suivait rigoureusement à leur égard la règle établie pour les boissons en cours de transport ;

15° On inscrira chaque certificat de sortie rapporté dans la case à gauche de l'enregistrement qu'il concernera.

On inscrira de la même manière les consignations remboursées et celles qui seront converties en perception définitive.

17° Les certificats de sortie seront conservés comme pièces justificatives par les receveurs des droits d'entrée, pour être représentés aux employés chargés de contrôler et de vérifier leurs écritures.

18° Les numéros d'enregistrement seront suivis sans interruption du commencement à la fin de chaque exercice ; par conséquent, lorsqu'un registre se trouvera rempli dans le courant de l'année, on continuera au registre nouveau la série commencée. Après l'arrêté de fin d'année, on ouvrira une nouvelle série de numéros.

19° On ne délivrera jamais de passe-debout sans qu'il ait été fait un enregistrement à la souche du registre.

20° Chaque passe-debout délivré devra porter le même numéro que son enregistrement.

21° On n'exigera, par chaque passe-debout délivré, que le coût du timbre qui est de 10 centimes.

22° Les déclarations de passe-debout seront toujours présentées à la signature des personnes qui les auront faites.

Registre n° 15.

1° Dans les lieux sujets aux droits d'entrée, il sera ouvert, à tous les bureaux où ces droits sont perçus, un registre du présent modèle.

2° On ne fera usage de ce registre que lorsqu'il y

aura nécessité de constater la sortie des boissons.

3° Il y a nécessité de constater la sortie lorsque la boisson est enlevée d'un entrepôt du lieu, soit public, soit particulier, ou bien lorsqu'elle est entrée en passe-debout dans ce même lieu.

4° Il ne sera fait, dans tout autre cas, aucun enregistrement des sorties ; on se contentera de vérifier les expéditions qui accompagnent les boissons et de les viser lorsqu'elles seront en règle.

5° L'enregistrement de la sortie sera fait, dans le premier cas, sous le nom de l'entrepositaire indiqué par le congé, l'acquit-à-caution ou le passavant représenté ; dans le second, sous celui du particulier dénommé au passe-debout.

6° Les enregistrements seront toujours faits, et les certificats délivrés au moment même de la sortie des boissons.

7° Les particuliers qui auront négligé de faire constater la sortie de leurs boissons à leur passage devant le bureau ne pourront être admis à la faire constater plus tard.

8° Tout préposé qui se prêterait à de semblables arrangements et qui, pour quelque motif que ce fût, enregistrerait une sortie sans avoir l'objet sous les yeux, s'exposerait à être poursuivi suivant la rigueur des lois.

9° On ne fera jamais d'enregistrement qu'après avoir vérifié les boissons et reconnu qu'elles sont conformes en qualité, espèce et quantité à celles qui sont mentionnées dans les congés, acquits-à caution ou passavants qui les accompagnent.

10° Toutes les fois que par la vinification on reconnaît des différences entre le chargement et l'énoncé des congés, acquits-à-caution ou passavants représentés, on doit se refuser à constater la sortie, parce qu'alors le chargement n'est pas en règle ;

11° Lorsque les boissons introduites dans une commune sur un seul passe-debout en sortiront ensuite partiellement et successivement, on enregistrera, lors de chaque sortie, la quantité représentée, pourvu toutefois qu'elle soit accompagnée de congés, de passavants ou d'acquits-à-caution, et que ces expéditions soient au nombre de celles dont le passe-debout fait mention ;

12° Dans le cas de sorties partielles de boissons introduites sur un seul passe-debout, les certificats qui tiennent au registre seront remplis et délivrés comme lorsqu'il s'agira de boissons enlevées des entrepôts du lieu ; mais toutes les fois que les boissons accompagnées d'un passe-debout seront représentées à la sortie en totalité, c'est-à-dire dans l'état où elles auront été introduites, le certificat, au lieu d'être détaché du registre, sera rempli au dos même du passe-debout, qui sera retenu au bureau de sortie, pour être renvoyé dans le jour à celui d'entrée, où on libérera les soumissionnaires, en leur restituant les consignations qui auraient été faites.

13° Lorsqu'il s'agit de boissons accompagnées de bulletins de subdivision n° 5 *ter*, il est formé autant d'enregistrements au registre n° 15 qu'il y a de transports partiels. Toutefois, l'ampliation du certificat de sortie applicable au dernier transport est seule détachée de la souche, et le prix du timbre qui lui est propre est seul perçu. Ce certificat doit représenter à la souche et à l'ampliation la récapitulation de toutes les quantités transportées se rapportant au même acquit-à-caution, avec rappel des différents enregistrements au n° 15.

14° Les congés, passavants ou acquits-à-caution seront toujours visés et inscrits dans les colonnes à gauche de l'enregistrement qui les concernera.

Les employés ne doivent jamais négliger de remplir les indications que contiennent ces colonnes.

15° Les visa, ainsi que les enregistrements et les certificats, indiqueront toujours l'heure où la sortie des boissons aura eu lieu.

16° On ne délivrera jamais de certificat de sortie sans en faire article d'enregistrement. Ce certificat portera le même numéro que la souche.

17° Les numéros d'enregistrement de sortie seront suivis sans interruption du commencement à la fin de chaque exercice ; par conséquent, lorsqu'un registre se trouvera rempli dans le courant de l'année, on continuera au registre nouveau la série commencée.

Après l'arrêté de fin d'année, on ouvrira une nouvelle série de numéros.

18° Il sera perçu par chaque certificat de sortie détaché du registre, 10 centimes pour le coût du timbre dont le receveur est comptable.

19° On ne doit point cumuler dans un seul enregistrement des boissons pour lesquelles on représenterait plusieurs passe-debout ou expéditions, à moins que ces passe-debout ou expéditions ne soient au nom d'un même soumissionnaire ou entrepositaire.

Registre 33 B.

Le registre 33 B doit présenter le relevé mensuel des perceptions opérées pour le compte de la régie. Les droits doivent y être portés en regard de chaque ligne, au fur et à mesure de l'arrêté des registres élémentaires.

On se rend compte de l'exactitude des chiffres obtenus en multipliant les quantités par les taxes.

La comptabilité des timbres doit y être suivie avec sollicitude ; le total des quantités employées et annulées doit présenter un nombre égal à celui de la série de chaque registre.

Bordereau G.

Les versements à la caisse municipale doivent s'effectuer tous les cinq jours, et plus souvent si c'est nécessaire.

Quelle que soit la date des arrêtés, il est formé un bordereau de versement G (modèle fourni par la régie) donnant le résultat des perceptions effectuées par nature de registre.

Ce bordereau est visé par le Préposé en chef et enregistré par le Receveur central qui tient un compte des versements effectués à la recette municipale.

Registre 4 E-10.

1. Ce registre est destiné à la perception des droits locaux et de consommation sur l'alcool des vins de

liqueur, vins d'imitation, vermouts, etc., introduits dans les villes d'une population agglomérée de 4.000 habitants et au-dessus et dans les localités où il existe des taxes d'octroi sur l'alcool (Circ. n° 423, du 29 décembre 1900).

Il est spécial aux bureaux d'entrée. Les bureaux de l'intérieur sont pourvus de registres 4 *E* ordinaires.

2. Les droits d'entrée et de consommation doivent être exigés au moment même de l'introduction, toutes les fois que le conducteur ne réclame pas un passe-debout et ne remplit pas les formalités voulues en pareil cas ou qu'il ne représente pas un bulletin d'entrepôt délivré au bureau de l'intérieur.

3. Les droits d'entrée et de consommation doivent toujours être payés comptant.

Suivant la loi du 29 décembre 1900, la perception du droit de consommation sera faite à raison de 220 fr. en principal et décimes, par hectolitre d'alcool pur.

En exécution de l'article 10 de la loi de finances du 30 janvier 1907, les vermouts et vins de liqueur ou d'imitation sont imposés pour leur force alcoolique totale et passibles des droits entiers de consommation et d'entrée, avec un minimum de perception de 15 degrés pour les vins de liqueur ou d'imitation proprement dits et de 16 degrés pour les vermouts, vins de quinquina et similaires.

Pour la perception du droit d'octroi, les vermouts et vins de liqueur ou d'imitation demeurent passibles des demi-droits jusqu'à 15 degrés et des droits pleins au dessus de 15 degrés avec les mêmes minima que ci-dessus ; toutefois, pour les vins de quinquina et similaires, le minimum d'imposition est de 15 degrés.

Les mistelles, importées de l'étranger ou préparées à l'intérieur et livrées directement à la consommation, sont soumises au même régime que les vins de liqueur, c'est-à-dire qu'elles demeurent passibles du droit plein de l'alcool avec un minimum de perception de 15 degrés

Dans l'application des tarifs, toute fraction de centime sera considérée comme un centime entier.

Pour les chapitres suivants, même instruction que pour le registre 4 C-10.

LITRES.	0	10	20	30	40	50	60	70	80	90		
0	0	22,00	44,00	66,00	88,00	110,00	132,00	154,00	176,00	198,00	220,00	100
1	2,20	24,20	46,20	68,20	90,20	112,20	134,20	156,00	178.20	200,20	440,00	200
2	4,40	26,40	48.40	70,40	92,40	114,40	136,00	158,40	180,40	202 40	660,00	300
3	6,60	28,60	50,60	72,60	94,60	116,60	138,60	160,60	182,60	204,60	880,00	400
4	8,80	30,80	52,80	74,80	96,80	118,80	140,80	162,80	184,80	206,80	1,100,00	500
5	11,00	33,00	55,00	77,00	99,00	121,00	143,00	165,00	187,00	209,00	1,320,00	600
6	13,20	35 20	57,20	79,20	101,20	123.20	145,20	167,20	189,20	211,20	1,540,00	700
7	15,40	37,40	59,40	81,40	103,40	125,40	147,40	169.40	191 40	213,40	1,760.00	800
8	17,60	39 60	61,60	83,60	105,60	127,60	149,60	171,60	193,60	215,60	1,980,00	900
9	19,80	41,80	63,80	85,80	107,80	129 80	151,80	173,80	195,80	217,80	2,200,00	1,000

Afin de faciliter le calcul l'Administration a fait imprimer ci-dessus, dans la forme des tables de Pythagore, un barème qui donne le montant du droit de consommation pour toute quantité d'alcool pur. (*Voir à la page précédente.*)

EXTRAIT DE L'ARRÊTÉ MINISTÉRIEL DU 20 JUIN 1859 CONCERNANT LA COMPTABILITÉ DES OCTROIS.

Lorsque l'octroi est en régie simple, ou lorsqu'il est perçu par voie d'abonnement avec l'Administration des contributions indirectes, le versement des produits est fait entre les mains du receveur municipal par les agents préposés aux portes et barrières et par ceux du bureau central. (Art. 94 à 98 de l'ord. du 9 déc. 1814.)

En cas de retard dans les versements que les préposés, régisseurs ou fermiers de l'octroi sont tenus de faire aux caisses des communes, les receveurs municipaux doivent poursuivre la rentrée des produits suivant les règles ordinaires, et, si ces moyens sont insuffisants, décerner contre les retardataires une contrainte qui, après avoir été visée par le maire, est rendue exécutoire par le juge de paix.

Recettes diverses de l'octroi.

Les recettes des octrois, dans la comptabilité des receveurs municipaux, se divisent de la manière suivante :

1° Recettes ordinaires ou produit des droits sur les objets tarifés ;

2° Recettes accessoires, qui se composent principalement des produits ci-après : Portion revenant à la commune sur le produit des saisies et amendes, — Frais d'emmagasinage, — Frais d'escorte ;

3° Recettes d'ordre, qui ont ordinairement pour objets : Les consignations pour saisies et amendes. — Les consignations pour passe-debout. — Les recettes applicables aux fonds de retraites. — Les versements de remises dues aux préposés d'octroi pour la perception des droits d'entrée intéressant le Trésor. — Le produit net des ventes faites dans les entrepôts (réels). (Ord. du 9 déc. 1814 ; circ. de la compt. gén. du 25 janv. 1827, 12 et 18 déc. 1828 et 29 juin 1856 ; circ. du min. de l'int. du 16 juill. 1855.)

Agents chargés des recettes et des dépenses de l'octroi.

La perception des droits d'octroi, ainsi que les diverses autres natures de recettes spécifiées à l'article précédent, sont faites directement par des préposés spéciaux qui en versent le montant au receveur municipal. Celui-ci, en se conformant, d'ailleurs, à ce qui est spécialement réglé, pour quelques-unes de ces recettes, applique au compte de la commune les recettes ordinaires et les recettes accessoires, et porte à un compte spécial les recettes d'ordre qui ne constituent pas des ressources pour la commune. Ce comptable est seul chargé du payement des frais de perception et des dépenses accessoires de l'octroi, et il constate dans sa comptabilité les dépenses d'ordre ; mais les préposés de l'octroi concourent aussi au remboursement des consignations sur passe-debout.

Les opérations d'ordre sont régularisées par la production, à l'appui des comptes des receveurs municipaux, des extraits dûment certifiés du règlement de l'octroi, et des actes qui ont fixé les recettes et les dépenses dont il s'agit. (Ord. du 23 juill. 1826 ; circ. citées ci-dessus.)

Les receveurs municipaux font aussi dépense, mais à titre d'avances seulement sur la remise qui leur est faite des pièces justificatives par les préposés de l'octroi, des frais judiciaires que ces derniers ont eu à payer ; ils font ensuite recette du remboursement de ces avances ; si quelques parties des frais tombent à la charge de la commune, ils en font dépense définitive au compte de celle-ci. (Circ. de la compt. gén. des fin. du 25 mai 1836.)

Cautionnements des receveurs ou préposés comptables et fermiers des octrois.

Les receveurs ou préposés comptables ou fermiers des octrois sont astreints à verser au trésor un cautionnement fixé par le ministre des finances, à raison du 25e du montant brut de la recette présumée. Lorsque les receveurs ou fermiers ont été chargés de percevoir à la fois les droits d'entrée au profit du Trésor et les droits imposés au profit des communes, et qu'ils veulent obtenir le remboursement de leur cautionnement ou son application à une autre gestion, ils doivent produire un certificat de quitus délivré par les receveurs principaux des contributions indirectes et par les receveurs des communes, qui y apposent conjointement leur signature. Les directeurs des contributions indirectes visent ce certificat. Les maires des communes doivent y apposer aussi leur visa dans ces termes : « Vu par le maire de la commune de ..., qui, « après avoir comparé les recettes déclarées sur les re- « gistres du contrôle administratif aux versements « constatés dans les écritures du receveur municipal, « reconnaît le sieur...., receveur du bureau de...., « quitte et libéré de sa gestion envers la commune. » Le certificat, revêtu de ces formalités, est transmis au directeur de la comptabilité générale des finances par le directeur des contributions indirectes.

Pour les communes où les receveurs des droits d'octroi ne sont pas chargés de la perception des droits d'entrée, le certificat de quitus, délivré dans la même forme que celui dont il vient d'être question, est signé par le receveur municipal seulement, visé par le maire, et renvoyé au directeur de la Dette inscrite. (Loi du 28 avril 1816, art. 159 ; circ. min. du 10 déc. 1828 ; circ. de la compt. gén. du 12 du même mois ; circ. de la dir. de la dette inscrite aux rec. gén. du 13 juin 1839.)

Association du cautionnement mutuel.

Les receveurs d'octroi sont admis à bénéficier du cautionnement mutuel et à adhérer individuellement à l'Association.

Ils doivent faire connaître par un document officiel émanant du maire, visé et certifié par le directeur des contributions indirectes du département, quel a été leur déficit depuis 10 ans et à quel chiffre s'élève depuis 10 ans le montant de l'ensemble des cautionnements.

Les nouveaux adhérents paient, en sus du droit d'entrée de 5 francs, de la cotisation de 0 fr. 50 par 100 francs de cautionnement une somme de 2 0/0 pour la constitution du fonds de réserve.

Pour obtenir la radiation il suffit au titulaire d'adresser au président de l'Association une demande de libération accompagnée de son extrait d'inscription sur le livre des cautionnements mutuels ainsi que son certificat de quitus.

Droits de location des places dans les halles, marchés, abattoirs, etc. — Droits de péages communaux, pesage, mesurage et jaugeage.

Les droits de location des places dans les halles, foires et marchés, abattoirs, etc., les droits de stationnement dans les lieux publics, et généralement les droits de voirie, les droits de péages communaux, pesage, mesurage et jaugeage sont établis d'après un tarif réglé par arrêté de préfet. Les droits sont perçus par voie de régie simple, de régie intéressée ou de ferme.

Lorsque le conseil municipal adopte la mise en ferme ou en régie intéressée, il y a lieu d'appliquer les règles tracées pour les droits d'octroi perçus de la même manière, et de même pour la nature et le mode de réalisation du cautionnement. (Loi du 18 juill. 1837, loi du 5 avril 1884 ; circ. du min. de l'int. du 2 avril 1841 ; décr. du 25 mars 1852, art. 1er, §§ 34 et 53 du tableau A ; art. 2, §§ 2 et 8 du tableau B ; circ. du min. de l'int. du 5 mai suivant.)

. . . .

Amendes pour divers délits.

Les amendes sur lesquelles les communes ont une attribution sont :

... 4° Les amendes pour contravention aux droits d'octroi.

. . . .

Amendes pour contraventions aux droits d'octroi.

Les saisies et amendes pour contraventions aux droits d'octroi appartiennent, déduction faite des frais et prélèvements autorisés :

Moitié au fermier de l'octroi ou aux employés, sauf, dans les octrois où il existe une caisse de retraites autorisée à prélever sur les sommes revenant aux employés, la part dont elle doit profiter ;

Et moitié à la commune dans laquelle les contraventions ont été commises. (Ord. du 9 déc. 1814.)

Cette répartition est établie par des bordereaux qui sont arrêtés entre les maires et le préposé en chef ou l'agent chargé du contrôle administratif, et qui présente la date des jugements ou transactions, les sommes payées par les contrevenants, et leur partage entre la commune et les employés saisissants ou le fermier.

Le receveur municipal doit se faire tenir compte, par le receveur du bureau central, du produit brut des amendes ; il paie ensuite aux employés saisissants, sur mandats réguliers, la portion qui leur appartient, et fait recette au compte de la commune de la somme lui revenant.

Les états de répartition des saisies et amendes doivent être remis au receveur municipal, le 20 de chaque mois, accompagnés d'un bordereau indiquant les sommes attribuées aux employés de l'octroi.

Les recettes et dépenses relatives aux répartitions des saisies et amendes d'octroi constituent des opérations d'ordre qui ne doivent, dès lors, figurer ni au budget ni au compte de la commune. Elles sont classées avec les opérations hors budget. (Circ. de l'Adm. des contr. indir. du 17 août 1827 ; circ. de la compt. gén. des 30 sept. 1827 et 12 déc. 1828.)

L'article 83 de l'ordonnance royale du 9 décembre 1814, attribuant exclusivement à la régie des contributions indirectes le droit de transiger surles contraventions constatées tant dans l'intérêt de la commune que dans l'intérêt du Trésor, la somme dont le paiement a été stipulé par la transaction doit être versée à la caisse du receveur principal, qui tient compte à la commune de la part proportionnelle de produit net à laquelle elle a droit, par l'intermédiaire du receveur du bureau central de l'octroi, chargé de percevoir les recettes accessoires et les consignations, et d'en compter au receveur de la commune.

On opère de la même manière dans le cas où, par l'effet de poursuites judiciaires, il y a eu recouvrement d'amendes prononcées.

Dans le cas où des saisies qui n'intéressent que la Régie sont faites par des préposés d'octroi, la part dévolue aux agents de la commune est versée, par le receveur principal, entre les mains du comptable de l'octroi, chargé de la recette des consignations, et celui-ci, après avoir émargé l'état de répartition, pour quittance, établit la sous-répartition d'après les bases adoptées pour le service spécial auquel il appartient. Le receveur du bureau central en tient compte au receveur municipal. (Circ. de la compt. gén. du 30 sept. 1827)

. . . .

Livre de détail spécial des recettes et des dépenses de l'octroi.

Les receveurs municipaux des communes dont l'octroi est en régie simple ou perçu par voie d'abonnement avec l'Administration des contributions indirectes, étant chargés de centraliser à leur caisse le produit brut des droits perçus par les receveurs aux portes et barrières, et de payer les frais de perception et les autres dépenses ordinaires et accessoires, doivent enregistrer ces recettes et ces dépenses sur un livre de détail spécial.

Ce livre, tenu par exercice, contient dans des colonnes distinctes :

En recette, les versements qui sont faits à la caisse municipale sur les produits ordinaires de l'octroi, sur les recettes accessoires, sur les recettes d'ordre, et pour remboursement des frais avancés :

En dépense, les divers frais de perception, les dépenses d'ordre, les avances pour frais judiciaires, et le versement au Trésor de la portion des produits de l'octroi qui, dans plusieurs villes, remplace la contribution mobilière.

Saisies et amendes en matière d'octroi.

Nous avons indiqué déjà le mode de répartition du produit des saisies et amendes en matière d'octroi ; il ne reste plus à parler ici que de quelques mesures de comptabilité en ce qui concerne la dépense des droits fraudés, et l'application au fonds de retraites de la portion des saisies qui lui est affectée.

Ces deux dépenses sont constatées d'après des règles particulières.

Les droits fraudés étant payables au receveur du bureau central de l'octroi, ce receveur, auquel est communiqué l'état de répartition approuvé par le maire, doit donner, sur ses registres de perceptions, l'imputation convenable, suivant la nature des droits fraudés, aux sommes qui sont retenues à ce titre sur le produit des saisies et amendes. Il se charge en recette du montant des droits sur lesdits registres, mais il ne détache pas les quittances correspondantes ; il se borne à les biffer. Il appose ensuite, sur l'état de répartition où doivent être mentionnés les frais payés en déduction du produit brut des saisies et amendes, un certificat ainsi conçu :

« Le receveur..., soussigné, certifie, sous sa res-
« ponsabilité personnelle : 1° que les frais ordinaires
« et extraordinaires portés ci-dessus sont justifiés par
« les quittances des parties prenantes et autres
« pièces à l'appui, lesquelles ont été remises au rece-
« veur municipal ; 2° que les droits fraudés, y com-
« pris les dix centimes pour timbre, ont été portés en
« recette sous les nos... du registre de perception,
« et que les quittances de ces droits sont restées à la
« souche et ont été biffées ; 3° que les signatures

« apposées ci-dessus par les employés saisissants « sont véritables.

« A..., le... 18... »

Dans les saisies communes, les droits fraudés revenant à l'octroi sont versés, par le receveur principal des contributions indirectes, au receveur du bureau central de l'octroi, qui les inscrit sur le registre de perception (reg. A) ; il en donne quittance sans percevoir le timbre, et détache la quittance en laissant le timbre annexé à la souche.

L'état de répartition ainsi certifié par le receveur du bureau central de l'octroi, et, en outre, par le préposé du contrôle administratif, est remis pour comptant au receveur municipal, auquel il sert de justification pour le paiement des droits fraudés. Le receveur municipal fait, en outre, recette sur ce livre, à titre de produit accessoire, de la portion des saisies et amendes qui est attribuée à la commune, et il constate, en même temps, une dépense d'ordre correspondante. Quant à la portion des saisies et amendes qui est affectée au fonds de retraites, le receveur municipal, après en avoir fait dépense sur son livre de détail, en fait recette au compte *Fonds de retenues pour retraites*, ouvert sur son livre des comptes divers. (Circ. des 30 sept. 1827 et 12 déc. 1828.)

Consignations sur passe-debout.

Les recettes et dépenses à enregistrer sur le livre de détail de l'octroi comprennent la recette et le remboursement des consignations sur passe-debout, qui doivent y être portées, comme opérations d'ordre, de la manière suivante :

A la fin de chaque mois, le préposé chargé du contrôle administratif s'assure de l'exactitude des sommes inscrites sur ces registres à titre de consignations sur passe-debout ; il forme le relevé des opérations constatées dans chaque bureau de perception, et il le remet au receveur municipal avec un bordereau détaillé des consignations qui, n'ayant pas été réclamées par les consignateurs aux receveurs d'octroi dans les délais prescrits, doivent être versées à la caisse de la commune. Pour donner, en outre, au receveur municipal le moyen de se charger, dans sa comptabilité, de toutes les recettes et de toutes les dépenses relatives aux consignations, chaque receveur d'octroi les comprend dans ses bulletins de versement, sur une ligne distincte. Il y exprime le total des sommes perçues et le montant des versements ; la différence qui existe entre ces deux résultats doit représenter les consignations conservées par l'agent de l'octroi comme susceptibles d'être incessamment remboursées. Le receveur municipal fait recette du montant brut des consignations sur passe-debout, et dépense tant des consignations remboursées que de celles qui ont été converties en perceptions définitives.

Les relevés qui énoncent, comme il est dit ci-dessus, outre les recettes et les dépenses faites par les préposés aux recettes, les fonds qui leur ont été laissés pour subvenir aux remboursements, sont produits par les receveurs municipaux à l'appui de leurs comptes annuels ; mais ces comptables conservent et classent avec soin les bordereaux détaillés des consignations qui leur sont versées en numéraire, attendu que ces bordereaux doivent être consultés par eux lorsque les consignateurs viennent réclamer des remboursements. Ces derniers remboursements sont justifiés, dans les comptes des receveurs municipaux, par les certificats de sortie et par les quittances des parties prenantes. (Circ. du 12 déc. 1828.)

Les consignations pour saisies et amendes et sur passe debout, n'étant pas des ressources dont les communes puissent disposer, ne sont comprises ni en recettes, ni en dépenses dans les budgets municipaux. (Instr. du min. de l'int. des 15 juin 1886 et 16 juill. 1855 ; circ. de la compt. gén. des fin. du 29 juin 1856.)

Remises attribuées aux préposés de l'octroi.

Il en est de même à l'égard des remises que la régie des contributions indirectes alloue aux préposés de l'octroi sur les droits d'entrée qu'ils sont chargés de percevoir au profit du Trésor. Les receveurs des droits d'entrée forment le décompte des remises revenant aux préposés de l'octroi de la ville ou à l'agent remplissant les mêmes fonctions, pour qu'il en soit tenu compte au receveur de la commune. Celui-ci constate ce recouvrement à titre de recette d'ordre, et il en délivre une quittance détachée de son livre à souche timbrée. Le produit des remises est ensuite réparti entre les préposés de l'octroi, dans la proportion qui est déterminée par le maire, et le receveur municipal en acquitte le montant aux parties intéressées, en vertu des mandats du maire, appuyés des quittances et des décomptes réguliers. Il en fait dépense dans sa comptabilité, comme des autres dépenses d'ordre qu'il est appelé à effectuer sur le service de l'octroi. (Circ. de la compt gén. des fin. des 1er oct. 1834 et 29 juin 1856 ; circ. du min. de l'int. du 16 juill. 1855.)

Ventes faites dans les entrepôts.

Au nombre des recettes d'ordre de l'octroi se trouve aussi le produit des ventes faites dans les entrepôts. Les receveurs municipaux doivent enregistrer ces recettes dans une colonne spéciale du livre de l'octroi, et les constater avec tous les détails propres à bien faire connaître la nature du produit, ainsi que le nom de l'entrepositaire à la disposition duquel il est tenu. (Circ. du 12 déc. 1828.)

Avances des frais judiciaires.

Enfin les receveurs municipaux doivent avoir des colonnes spéciales, sur le livre dont il s'agit, pour suivre le paiement et le remboursement, par les préposés de l'octroi, des avances des frais judiciaires, dont les pièces leur sont versées pour comptant et représentent, pour eux, des valeurs de portefeuille (art. 1497) ; les enregistrements faits dans ces colonnes spéciales doivent présenter des résultats conformes à ceux du carnet à tenir par les préposés de l'octroi eux-mêmes, et dont le modèle est retracé sous le n° 299, pour que les receveurs municipaux puissent en prendre connaissance. (Circ. du 25 mai 1836.)

Justification des comptes d'octroi du receveur municipal.

Les comptes de gestion du receveur municipal relativement à l'octroi doivent être appuyés des pièces justificatives de la recette et de la dépense qui sont déterminées par les lois et règlements.

Ces justifications sont indiquées ci-après :

RECETTE.

1° *Service des communes.*

. . . .

Droits d'octroi, produit brut :

Si le receveur compte pour la première fois des droits d'octroi, il doit produire le décret qui autorise l'octroi et qui fixe le tarif. Il produit ensuite, chaque année, les pièces indiquées ci-après :

Pour l'octroi en régie simple : 1° le bordereau Q, arrêté à la fin de l'année par le directeur des contributions indirectes, et accompagné d'un relevé sommaire par bureau de perception, que l'agent chargé du contrôle administratif doit fournir et remettre au receveur municipal pour les recettes constatées par les états que cet agent reçoit chaque mois des receveurs d'octroi ; 2° un bordereau formé par le receveur municipal.

Pour les recettes accessoires, les extraits, dûment certifiés, des règlements de l'octroi, et les actes qui ont fixé les recettes accidentelles. (Circ. 12 déc. 1828.)

. . . .

Recettes d'ordre de l'octroi :

Consignations pour saisies et amendes :

Bulletins de versements à la caisse municipale ; procès-verbaux constatant les contraventions, les transactions ou les jugements intervenus ; actes de vente, s'il y a lieu.

Consignations sur passe-debout :

Remises allouées par la Régie :

Bulletins de versements, déjà cités, et relevés mensuels des recettes et dépenses sur passe-debout.

Bulletins de versements, déjà cités, appuyés des décomptes des remises revenant aux employés.

Produit net des ventes dans les entrepôts.

Procès-verbaux constatant le produit des ventes, et pièces justificatives des déductions à opérer sur ce produit.

CONTENTIEUX

JURIDICTION
TABLEAU DES CONTRAVENTIONS
RÉDACTION DES PROCÈS-VERBAUX, FORMULES

Les contestations auxquelles peut donner lieu le paiement des droits d'octroi sont de la compétence des juges de paix, à charge d'appel devant le tribunal civil de 1re instance, lorsque la valeur du litige excède le taux du dernier ressort (300 francs).

Les infractions aux règlements d'octroi, punies par la loi d'une amende de 100 francs au moins, sont de la compétence des tribunaux correctionnels.

Les maires sont autorisés, sauf l'approbation du préfet, à faire remise par voie de transaction de la totalité ou de partie des condamnations encourues même après jugement rendu. Mais les préposés et receveurs d'octroi n'ont jamais à intervenir en pareille matière.

Les infractions sont constatées par des procès-verbaux. Un *procès-verbal* est le compte rendu des faits dans la forme légale. Il doit les relater fidèlement, exactement. De sa rédaction dépend souvent le sort de l'affaire ; on doit y apporter la plus grande attention.

Les *procès-verbaux* doivent énoncer la date du jour où ils sont rédigés, la nature de la contravention, et en cas de saisie, la déclaration qui en a été faite au prévenu ; les nom, qualité et résidence de l'employé verbalisant et de la personne chargée des poursuites ; l'espèce, les poids et mesures des objets saisis ; leur évaluation approximative ; la présence de la partie à la description, ou la sommation qui lui a été faite d'y assister ; le nom, la qualité et l'acceptation du gardien ; le lieu de la rédaction du procès-verbal et l'heure de la clôture. (Art. 75 de l'ordonnance du 9 décembre 1814.)

En matière d'octroi, les procès-verbaux doivent être faits à la requête du maire, poursuites et diligences du préposé en chef (ou préposé principal) pour les octrois en régie simple. (Art. 164 de l'Inst. M. F. du 25 sept. 1909.)

Ils doivent l'être également à la requête du maire, poursuites et diligences du fermier ou du régisseur pour les octrois en régie intéressée ou en ferme.

Ces actes sont rédigés sur papier timbré et enregistrés.

Il n'est pas nécessaire, comme pour l'Administration des contributions indirectes, qu'il y ait plusieurs saisissants pour rédiger procès-verbal ; un seul suffit pour dresser cet acte qui fait foi jusqu'à preuve contraire. (Loi du 30 décembre 1903.)

Les saisies communes à l'octroi et aux contributions indirectes sont constatées par un seul acte.

Un employé d'octroi peut constater seul toutes les fraudes en matière de contributions indirectes, et le procès-verbal fait foi jusqu'à preuve contraire.

RÉPARTITIONS

Le produit des amendes et confiscations résultant de contraventions aux règlements d'octroi, déduction faite des frais et prélèvements autorisés, est attribué moitié à la commune, *moitié aux employés de l'octroi* pour être répartie suivant le mode qui sera arrêté. (Art. 84 de l Ord. du 9 décembre 1814.)

Parmi les prélèvements autorisés figurent ceux qui doivent être opérés au profit de la caisse des retraites des agents de l'octroi, lorsque cette caisse fonctionne dans la commune, mais les prélèvements au profit de cette caisse ne peuvent être opérés que sur la part revenant aux employés.

En cas de contravention commune à l'octroi et à l'Administration des contributions indirectes, les condamnations recouvrées ou les sommes payées en vertu de transactions sont, après les prélèvements autorisés, réparties entre les Contributions indirectes et l'octroi, suivant les règles tracées par le décret du 2 avril 1898, art. 13.

Nous donnons ci-après le *Tableau des contraventions* en matière d'octroi et nous le faisons suivre des diverses formules de procès-verbaux à employer suivant les différents cas.

NATURE DES CONTRAVENTIONS.	DISPOSITIONS légales qui les prévoient.	AMENDES décimes non compris.	CONFISCA-TIONS.
OCTROIS			
Introduction ou passage devant un bureau de perception d'objets soumis aux droits sans déclaration préalable, dans les villes où la perception s'opère à l'entrée.	O. 9 déc. 1814, art. 28 et 29 ; Règl. d'octroi.	100 à 200 fr.	Objets saisis.
Fraude par escalade, par souterrain ou à main armée.	L. 24 mai 1834, art. 9 ; 29 mars 1832, art. 8 ; 28 avr. 1816, art. 46 ; O. 9 déc. 1814, art. 28 ; R. d'octroi.	Id.	Id. 6 jours à 6 mois.
Déchargement ou introduction à domicile desdits objets dans les villes où la perception s'effectue à bureau central ou au delà des bureaux d'entrée dans les villes où elle a lieu aux portes.	O. 9 déc. 1814, art. 28 et 34 ; Règl. d'octroi.	Id.	Objets saisis.
Fausse déclaration de la quantité des objets compris au tarif.	O. 9 déc. 1814, art. 29 ; Règl. d'octroi.	Id.	Id.
Fausse déclaration de l'espèce desdits objets.	Id. Id.	Id.	Id.
Présentation à la sortie d'objets autres que ceux déclarés en passe-debout, en transit ou en entrepôt, ou en quantité inférieure à celle pour laquelle le certificat de sortie est réclamé.	O. 9 déc. 1814, art. 28 et 29, Règl. d'octroi.	Id.	Id.
Préparation, fabrication ou récolte à l'intérieur, sans déclaration préalable, d'objets compris au tarif.	O 9 déc. 1814, art. 36 : Règl. d'octroi.	Id.	Id.

NATURE DES CONTRAVENTIONS.	DISPOSITIONS légales qui les prévoient.	AMENDES décimes non compris.	CONFISCATIONS.
Fausse déclaration des objets préparés, fabriqués ou récoltés dans l'intérieur.	O. 9 déc. 1814, art. 28 et 36 ; R. d'octroi	100 à 200 fr.	Objets saisis.
Enlèvement, sans déclaration préalable, d'objets admis en entrepôt.	O. 9 déc. 1814, art. 28 et 20 ; R. d'octroi.	Id.	Id.
Substitution, dans un entrepôt, d'eau ou de tout autre liquide non sujet au droit, aux liquides admis en entrepôt.	Id. Id.	Id.	Id.
Refus de souffrir la vérification des voitures, caisses, ballots, paniers et autres enveloppes, susceptibles de contenir des objets soumis aux droits.	O. 9 déc. 1814, art 28 ; Règl. d'octroi.	50 fr.	Id.
Refus de faciliter les opérations de vérification.	Id. Id.	Id.	Id.
Refus par un entrepositaire récoltant, nourrisseur de bestiaux, boucher, charcutier ou autres, soumis aux visites, de laisser les préposés de l'octroi procéder à ces visites.	O. 9 déc. 1814, art. 36 ; Règl. d'octroi.	Id.	Id.
Opposition aux fonctions des employés.	L. 27 frimaire an VII, art. 15 ; R. d'octroi.	Id.	Id.
ALLUMETTES			
Colportage d'allumettes.	L. 28 janv. 1875, art. 3. L. 28 avril 1816, art. 222.	300 à 1.000 fr.	Allumettes et moyens de transport saisis.

NATURE DES CONTRAVENTIONS.	DISPOSITIONS légales qui les prévoient.	AMENDES décimes non compris.	CONFISCA-TIONS.
BOISSONS			
Circulation			
Enlèvement ou déplacement sans expédition :			
— d'eaux-de-vie, esprits, liqueurs et fruits à l'eau-de-vie.	Loi 28 avril 1816, art. 1 et 6.	500 à 5.000 fr.	Boissons saisies.
— de vermouts, vins de liqueur et d'imitation.	L. 28 avr. 1816, art. 1 et 6 ; 13 avril 1898, art. 21 ; 30 janv. 1907, art. 10.	500 à 5.000 fr.	Id.
— de vins ordinaires, lies fraîches, cidres et poirés.	L. 28 avril 1816, art. 1 et 6.	200 à 1.000 fr.	Id.
— d'hydromels.	L. 28 avril 1816, art. 1 et 6 ; 25 mars 1817, art. 85.	200 à 1.000 fr.	Id.
— de vendanges fraîches, en dehors de l'arrondissement de récolte et des cantons limitrophes.	L. 28 avril 1816, art. 1 et 6 ; 29 déc. 1900, art. 1 ; 8 avr. 1910, art. 30.	200 à 1.000 fr.	Id.
Contraventions à l'arrivée.			
Introduction d'eaux-de-vie, d'esprits, de liqueurs, etc.			
— sans paiement ou garantie du droit.	L. 28 avr. 1816, art. 24.	100 à 200 fr.	Id.

NATURE DES CONTRAVENTIONS.	DISPOSITIONS légales qui les prévoient	AMENDES décimes non compris.	CONFISCATIONS.
Introduction d'eaux-de-vie, d'esprits de liqueurs, etc.			
— sans déclaration et au moyen de voitures suspendues.	L. 28 avr. 1816, art. 24.	100 à 200 fr.	Boissons saisies.
— sans déclaration et par escalade.	Id. Id.	Id.	Id. et 6 mois de prison.
— sans déclaration et par souterrain.	Id. Id.	Id.	Id. Id.
— sans déclaration et à main armée.	Id. Id.	Id.	Id. Id.
— sans déclaration et sous vêtements.	Id. Id.	Id.	Id. 6 jours à 6 mois.
— sans déclaration et au moyen d'engins disposés.	Id. Id.	Id.	Id.
Fausse déclaration de la nature ou de l'espèce des objets soumis au droit.	Id. Id.	Id.	Id.
Déclaration de quantités inférieures à celles reconnues.	Id. Id.	Id.	Id.
Introduction d'objets soumis aux droits :			
Avant les heures pendant lesquelles cette introduction est permise.	L. 28 avr. 1816, art. 26.	Id.	Boissons saisies.
Après les heures pendant lesquelles cette introduction est permise.	Id. Id.	Id.	Id.
Villes où la perception est faite à l'entrée.			
Introduction d'eaux-de-vie, d'esprits, de liqueurs, de fruits à l'eau-de-vie, de vermouts, de vins de	L. 28 avr. 16, art. 24.	Id.	Id.

NATURE DES CONTRAVENTIONS.	DISPOSITIONS légales qui les prévoient.	AMENDES décimes non compris.	CONFISCATIONS.
liqueur et d'imitation, de vins artificiels ou de raisins secs à boisson à destination de fabricants sans déclaration.			
PÊCHE			
Vente, transport ou colportage du frai, de poisson assimilé au frai, de poisson ou coquillages n'atteignant pas les dimensions voulues.	D. 9 janv. 1852, art. 3 et 16.	2 à 50 fr.	Poisson saisi, 1 à 5 jours de prison.
Pêche, vente, achat, transport, colportage, exportation ou importation du poisson en temps prohibé.	L. 31 mai 1865, art. 5 et 10.	30 à 200 fr.	Id.
VÉLOCIPÈDES			
Circulation de vélocipèdes :			
— sans plaque de contrôle.	L. 30 janv. 1907, art. 23.	1 à 15 fr.	
CHASSE			
Mise en vente, vente, achat, transport et colportage de gibier en temps prohibé.	L. 3 mai 1844, art. 4 et 12.	50 à 200 fr.	Gibier saisi 6 jours à 2 mois.

NATURE DES CONTRAVENTIONS.	DISPOSITIONS légales qui les prévoient.	AMENDES décimes non compris	CONFISCATIONS.
RÉBELLION, INJURES, OUTRAGES			
Outrages par paroles, gestes ou menaces dans l'exercice ou à l'occasion de l'exercice des fonctions.	Code pénal, art. 224.	16 à 200 fr.	6 jours à 6 mois de prison.
Attaque, résistance avec violences et voies de fait envers les employés.	Code pénal, art. 209.		La peine varie suivant la gravité des cas.

Préambule des procès-verbaux lorsque l'octroi est en régie simple.

L'an mil neuf cent , le , à heures du (heure légale), à la requête de M. le Maire de , y demeurant, rue , n° , poursuites et diligences de M. , préposé en chef de l'octroi, demeurant en ladite ville, rue , n° , où il fait élection de domicile, pour la suite du présent, je soussigné (receveur ou employé) de l'octroi, demeurant en ladite ville, assermenté en justic eet porteur dema commission, certifie que, etc.

Préambule des procès-verbaux lorsque l'octroi est en régie intéressée ou en ferme.

L'an mil neuf cent , le , à heures du heure légale, à la requête de M. le Maire de , y demeurant, rue , n° , poursuites et diligences de M. (régisseur *ou* fermier) de l'octroi, demeurant aussi en ladite ville, rue , n° , et qui y fait élection de domicile pour la suite du présent. (La suite comme au modèle précédent)

Préambule des procès-verbaux de saisie en matière de contributions indirectes.

L'an mil neuf cent , le , à heures minutes du (matin ou soir), à la requête de M. le Directeur général des contributions indirectes. dont le bureau central est à Paris, rue de Rivoli, hôtel du Ministère des finances, poursuites et diligences de M. , directeur des contributions indirectes à , département de . demeurant à , rue , n° , où il fait élection de domicile pour les suites du présent.

Introduction sans déclaration d'objets compris au tarif de l'octroi.

L'an, etc.

Certifie que ce jour, à heures du (heure

légale) étant à la porte de mon bureau, j'ai vu arriver du dehors un individu conduisant une charrette attelée de deux chevaux et chargée de divers objets. M'étant approché de cet individu, qui franchissait le bureau sans s'arrêter, je lui ai demandé si sa charrette contenait des objets sujets aux droits, et sur sa réponse négative je l'ai sommé d'arrêter ses chevaux et de soumettre à ma vérification le chargement qu'il conduisait : ce qu'il a fait à l'instant. Mes recherches m'ayant fait découvrir, dans un caisson, un quartier de mouton, j'ai demandé audit conducteur ses nom, prénoms, profession et demeure : il a répondu se nommer et . Vu sa contravention à l'article du règlement de l'octroi de cette ville, qui prescrit de faire la déclaration des objets compris au tarif, contravention punie par les articles 29 de l'ordonnance du 9 déc. 1814, 46 de la loi du 28 avril 1816, 8 et 9 de celles des 29 mars 1832 et 24 mai 1834, je lui ai déclaré procès-verbal et saisie dudit quartier de mouton, que j'ai transporté au bureau, où il a été reconnu en sa présence qu'il pesait 5 kilogrammes, et que j'ai évalué, de concert avec lui, à la somme de six francs, droits non compris. J'ai aussi déclaré à M. en vertu des articles 27 de la loi du 28 avril 1816, 8 et 9 des lois des 29 mars 1832 et 24 mai 1834, la saisie de ses chevaux et de sa charrette pour garantie de l'amende de deux cents francs par lui encourue, et je lui ai offert mainlevée de ladite saisie, ainsi que du quartier de mouton, moyennant caution solvable ou consignation de la somme de deux cent six francs, montant de ladite amende et de la valeur de la viande saisie. M. ayant (la suite comme en matière de contributions indirectes).

Déchargement ou introduction à domicile dans un lieu où la perception s'effectue à un bureau central sans paiement des droits d'octroi.

L'an , etc.

Certifie que ce jour, à heures du (heure légale), étant en surveillance dans le faubourg de , au delà du bureau d'octroi dit de , j'ai aperçu une voiture chargée de foin, traînée par un cheval, conduite par un individu de moi inconnu, venant de et se dirigeant vers . Ladite voiture s'étant arrêtée devant la maison de M. , le conducteur s'est mis en mesure de la décharger et a jeté par terre environ cinq ou six bottes de foin ; étant accouru près de ladite voiture, j'ai demandé audit conducteur s'il avait acquitté les droits d'octroi pour le foin qu'il déchargeait, et l'ai sommé de m'en exhiber la quittance et de me déclarer ses nom, prénoms, profession et demeure ; il a répondu se nommer et . Vu sa contravention à l'article du règlement de l'octroi, contravention punie par les art. 29 de l'ord. du 9 déc. 1814, 46 de la loi du 28 avril 1816, 8 et 9 de celles des 29 mars 1832 et 24 mai 1834, je lui ai déclaré procès-verbal et saisie tant du foin déjà déchargé que de celui encore sur la voiture et j'ai reconnu être au nombre de bottes du poids d'environ kilogrammes chacune, ce que M. a aussi reconnu. En vertu des articles 28 de la loi du 28 avril 1816, 8 et 9 de celles des 29 mars 1832 et 24 mai 1834, j'ai, en outre, déclaré à M. la saisie de sa charrette et de son cheval, pour garantie de l'amende de deux cents francs par lui encourue, et lui en ai offert la mainlevée, ainsi que des bottes de foin, sous la consignation de ladite amende et d'une somme de pour tenir lieu de la valeur dudit foin, évaluée de concert avec lui, à , droits non compris, ou sous caution solvable desdites sommes ; M. ayant, etc. (La suite comme à l'un des modèles relatifs aux contributions indirectes.)

Fausse déclaration de l'introduction de la quantité des objets compris au tarif de l'octroi.

L'an ; etc.

Certifions qu'étant dans l'exercice de nos fonctions au bureau de ce jour, à heure du (heure légale), s'est présenté un individu de nous inconnu, lequel conduisait un cheval chargé de deux paniers qu'il a fait arrêter à la porte dudit bureau, où, étant entré, il nous a déclaré introduire en ville la quantité de dix kilogrammes de porc frais, et a compté sur la table du receveur la somme d'un franc, à laquelle s'élève le droit d'octroi de ladite quantité. Quittance de cette somme ayant été délivrée par le receveur et remise au déclarant, je me suis mis en devoir de m'assurer de l'exactitude de la déclaration. Ayant reconnu à la première inspection que le quartier de porc contenu dans lesdits paniers était d'un poids supérieur à celui déclaré, j'en ai fait l'observation au conducteur, et lui ai annoncé que j'allais procéder à la pesée dudit quartier de porc, qui a été immédiatement introduit dans le bureau, et qu'à l'aide d'une balance, j'ai reconnu, ainsi que le déclarant et le receveur susnommé, être du poids de quinze kilogrammes, ce qui excède de cinq kilogrammes celui déclaré. Sommé de nous déclarer ses nom, prénoms, profession et demeure, le déclarant a dit se nommer , . Vu sa contravention à l'article du règlement de l'octroi de cette ville, contravention punie par les art. 29 de l'ordonnance du 9 mars 1814, 46 de la loi du 28 avril 1816, 8 et 9 de celles des 29 mars 1832 et 24 mai 1834, je lui ai déclaré la saisie des cinq kilogrammes excédant sa déclaration, et que de son consentement j'ai évalué à la somme de cinq francs, droits non compris ; je lui ai aussi déclaré qu'en vertu des articles 27 de la loi du 28 avril 1816, 8 et 9 de celles des 29 mars 1832 et 24 mai 1834, je saisissais son cheval pour garantie de deux cents francs par lui reconnue. Je lui ai en même temps offert mainlevée dudit cheval, ainsi que des cinq kilogrammes de porc moyennant la consignation de la somme de deux cents francs, montant de ladite amende, ainsi que de celle de cinq francs pour la valeur du porc saisi ; ou moyennant bonne et solvable caution pour le tout ; M. nous ayant dit, etc. (Comme au précédent.)

Fausse déclaration à l'octroi de l'espèce des objets introduits.

L'an , etc.

Certifions qu'étant dans le cours de nos fonctions, au bureau de , le à heures du (heure légale) s'est présenté un roulier conduisant une voiture attelée de deux chevaux, chargée et bâchée, qu'il a fait arrêter devant ledit bureau, où le conducteur est entré aussitôt, et a déclaré vouloir acquitter les droits d'octroi sur trois barils d'huile de colza qu'il introduisait en ville, et contenant ensemble trois cents kilogrammes, ayant compté sur la table qui se trouve dans le bureau la somme de quinze francs à laquelle s'élève le droit de cette quantité ; quittance de ladite somme a été remise par le receveur au déclarant. L'un de nous, M. , s'est mis en devoir de vérifier le liquide contenu dans les barils ; ayant soulevé la bâche de la voiture, et percé successivement à l'aide d'une vrille chacun des trois barils, il en est sorti de l'huile qui nous parut être d'olive et non de colza, comme le porte la déclaration ; ayant goûté de cette huile, nous avons reconnu qu'en effet elle était d'olive et de bonne qualité, ce que le conducteur a lui-même reconnu.

Sommé de nous déclarer ses nom, prénoms, profession et demeure, il a dit . Nous lui avons fait remarquer qu'ayant déclaré de l'huile d'une espèce taxée à un droit inférieur à celui imposé sur l'huile d'olive qui compose son chargement, il s'est constitué en contravention à l'article du règlement, contravention punie par les articles 29 de l'ordonnance du 9 déc. 1814, 46 de la loi du 28 avril 1816 8 et 9 de celles des 29 mars 1832 et 24 mai 1834, et qu'en conséquence nous lui déclarions procès-verbal et saisie des trois barils d'huile d'olive chargés sur sa voiture, et au déchargement desquels nous avons procédé immédiatement. Ayant ensuite pesé successivement lesdits barils à l'aide d'une bascule, nous avons reconnu qu'ils étaient du poids brut, l'un de , l'autre de , et le 3e de ; en tout un poids brut de kilogrammes ; nous avons évalué le tout, y compris les fûts et les droits, de concert avec M. , à la somme de . (La suite comme aux précédents.)

Présentation à la sortie de l'octroi d'objets autres que ceux déclarés en passe-debout.

L'an , etc.

Certifions qu'étant dans le cours de nos fonctions ordinaires, au bureau de , le à heures du (heure légale), s'est présenté un individu de nous inconnu, lequel nous a remis un bulletin (*de passe-debout, de transit ou de déclaration de sortie d'entrepôt*), sous la date du , n° , émané du bureau de , énonçant une quantité de cent kilogrammes de charcuterie dont ledit individu nous a requis de lui délivrer un certificat de sortie. Ladite déclaration ayant été consignée au registre à ce destiné, nous avons voulu, avant de délivrer le certificat réclamé, nous assurer de sa sincérité. A cet effet, nous avons ouvert la caisse qui était sur la voiture et dans laquelle nous avons trouvé de la terre ; l'ayant fait remarquer au déclarant, il a convenu du fait, et a dit . Sommé de nous déclarer ses nom, prénoms, profession et demeure, il a répondu . Nous lui avons expliqué que par sa fausse déclaration il s'est constitué en contravention à l'article du règlement de l'octroi de cette ville, contravention punie par les articles 29 de l'ordonnance du 9 décembre 1814, 46 de la loi du 28 avril 1816, 8 et 9 de celles des 29 mars 1832 et 24 mai 1834, qu'en conséquence nous lui déclarions procès-verbal pour sortie fictive de la quantité de cent kilogrammes de charcuterie, dont il a tenté de frauder le droit, et que, d'après le prix courant, nous avons évaluée à la somme de deux cents francs, droits compris. Lui avons aussi déclaré qu'en vertu des articles 27 de la loi du 28 avril 1816, 8 et 9 des lois des 29 mars 1832 et 24 mai 1834, nous saisissions, pour garantie de l'amende de deux cents francs par lui encourue, la charrette et les deux chevaux qui s'y trouvent attelés, et dont nous lui avons néanmoins offert mainlevée sous consignation de la somme de quatre cents francs, représentant la valeur de la charcuterie et de l'amende, si mieux il n'aime fournir bonne et solvable caution par lesdites sommes : M. ayant déclaré, etc.

Refus par un entrepositaire de souffrir les visites des préposés de l'octroi.

L'an , etc.

Certifions que ce jour, nous nous sommes présentés à heures du (heure légale), chez M. , nourrisseur, demeurant rue , n° , à l'effet de procéder au recensement des bestiaux qu'il possède. Etant arrivés à son domicile, nous lui avons fait connaître l'objet de notre visite et fait sommation de nous ouvrir ses étables, écuries et autres lieux pouvant renfermer des bestiaux. Il a répondu qu'il n'en avait pas le temps, et que nous pourrions revenir un autre jour. Nous lui avons fait remarquer que la nature de nos fonctions et l'objet de notre visite ne nous permettaient pas de différer notre vérification, et l'avons de nouveau sommé de nous ouvrir les dépendances de son domicile ; mais il a persisté à dire qu'il n'en avait pas le temps. Cette réponse constituant un acte d'opposition à nos fonctions et une contravention à l'article du règlement de l'octroi de cette ville, contravention punie par l'article 15 de la loi du 27 frimaire an VIII, nous avons déclaré à M. procès-verbal. Ayant ensuite adressé à M. le commissaire de police le réquisitoire transcrit en tête du présent et auquel il a obtempéré, nous sommes revenus le même jour à heures du chez M. , qui, sur la sommation de M. le commissaire de police, a consenti à notre entrée, et, procédant au recensement des bestiaux, nous avons trouvé que leur nombre était conforme à celui qui doit exister d'après notre portatif. Nous avons alors réitéré à M. notre déclaration de procès-verbal avec sommation de se rendre avec nous au bureau de , situé rue , n° , à l'effet d'assister à la rédaction de cet acte et de le signer ; il a dit . Nous étant immédiatement rendus audit bureau nous y avons dressé le présent , en l'absence de M.

Refus à l'entrée d'une localité à octroi de souffrir la vérification des voitures.

L'an , etc.

Certifions qu'étant en surveillance au bureau de , le à heures du (heure légale), nous avons vu venir une voiture à quatre roues, dépendant de l'entreprise de , conduite par M. , qui au moment de franchir les barrières, a fouetté ses chevaux et a fait prendre à la voiture une telle vitesse que nous n'avons pu l'arrêter à son passage. Nous avons, à haute et intelligible voix, sommé M. de s'arrêter afin de nous laisser procéder à notre vérification ; il n'en a tenu aucun compte, et la voiture a continué de rouler avec rapidité, ce qui ne nous a pas permis de la rejoindre, malgré les efforts que nous avons faits pendant quelques minutes. Attendu la contravention de M. à l'article 28 de l'ordonnance du 9 décembre 1814, contravention punie par l'article 15 de la loi du 27 frimaire an VIII, nous lui avons déclaré procès-verbal pour opposition à l'exercice de nos fonctions ; mais il a continué sa route sans nous répondre. Nous étant aussitôt rendus à l'hôtel de , où ladite voiture s'arrête habituellement, nous y sommes arrivés quelques instants après elle, de sorte qu'on a pu soustraire à nos regards les objets qui pouvaient se trouver en contravention. Nous avons réitéré à M. notre déclaration de procès-verbal, en le prévenant que nous nous retirions à notre bureau de pour y procéder à la rédaction de cet acte, et le sommant de s'y rendre avec nous, à l'effet d'assister à cette rédaction ; il a répondu . Parvenus audit bureau, nous y avons tout de suite dressé le présent en son absence.

Nota. — S'il s'agissait d'une voiture servant au transport des voyageurs, la contravention se rapporterait aussi aux articles 5 et 8 du décret du 14 fructidor an XIII et il faudrait alors faire mention de ces deux articles.

Rapport constatant, en matière d'octroi, les saisies d'objets d'une valeur de 10 francs et au-dessous au préjudice d'inconnus.

L'an , le , à heures du (heure légale) nous soussignés (noms, prénoms et qualités) étant de service à (indiquer le poste ou bureau) porteurs de nos commissions et assermentés, avons (rapporter ici toutes les circonstances de la fraude, l'espèce de l'objet saisi, sa valeur, la déclaration faite de la saisie à l'inconnu et terminer par ces mots :) dont nous avons rédigé le présent rapport que nous déclarons sincère et véritable.

A , les jours, mois et an que dessus.

Procès-verbal de saisie de boisson pour le transport sans expédition.

L'an mil neuf cent...

Nous soussignés (noms, prénoms et qualité des verbalisants) à , y demeurant, ayant serment en justice, certifions que le (date), mil neuf cent , à heures minutes du (matin ou soir), heure légale, ainsi que toutes celles citées dans le cours du présent, étant porteur de notre commission et dans l'exercice de nos fonctions en surveillance (indiquer le lieu), commune de , nous avons vu, se dirigeant de notre côté, une charrette attelée d'un cheval, conduite par une personne et chargée de deux tonneaux qui nous ont paru renfermer du liquide soumis aux droits. Ayant fait connaître nos qualités au conducteur de ladite voiture, nous lui avons demandé ce que renfermaient les deux tonneaux se trouvant sur sa voiture ; sur sa réponse qu'ils étaient pleins de vin, nous avons, après avoir procédé à la reconnaissance du contenu desdits tonneaux, à l'aide de nos moyens ordinaires, reconnu et fait reconnaître audit conducteur, qui l'a reconnu avec nous, qu'ils renfermaient cinq hectolitres de vin rouge. Nous avons alors invité ledit conducteur à nous représenter une expédition de la Régie et à nous décliner ses nom, prénoms, profession, domicile, le lieu de déchargement et celui de la destination des cinq hectolitres de vin qui se trouvaient sur sa voiture. Il nous a répondu qu'il n'avait pas d'expédition de la Régie à nous représenter, qu'il se nommait et que (transcrire ici les explications fournies par le contrevenant).

Attendu la contravention dudit sieur aux articles 1 et 6 de la loi du 28 avril 1816, contravention punie par l'article 19 de ladite loi et l'article 7 de celle du 21 juin 1871 nous lui avons déclaré procès-verbal et saisie des cinq hectolitres de vin dont il s'agit, ainsi que des deux tonneaux les renfermant, le tout estimé, de concert avec ledit sieur (le contrevenant), à la somme de 100 francs.

La solvabilité du sieur (le contrevenant) nous étant connue, nous lui avons offert et donné mainlevée de notre saisie sous la promesse qu'il nous a faite de nous la représenter ou sa valeur à toute réquisition légale.

Nous avons déclaré à M. que nous rédigerions le procès-verbal à , à heures du . le sommant de s'y trouver pour assister à la description des objets saisis ainsi qu'à la rédaction de notre acte, y faire insérer ses dires, le signer (a *ou* n'a pas) répondu. Rendu audit lieu, aux jours et heures indiqués, nous y avons rédigé le présent procès-verbal en (l'absence *ou* présence) du contrevenant, qui a déclaré (insérer les dires du contrevenant).

Clos le présent acte les jours, mois et an qu'en tête à heures du .

Préparation, fabrication ou récolte sans déclaration, dans l'intérieur d'une ville à octroi.

L'an , etc.

Certifions qu'étant informés que M. , demeurant rue , n° . se livre clandestinement à la fabrication de l'huile de , nous nous sommes rendus à son domicile le courant, à heures du (heure légale), accompagnés de M. , commissaire de police, lequel a déféré à la réquisition que nous lui avons adressée et qui est transcrite en tête du présent. Là, nous avons trouvé M. , anquel nous avons fait connaître le motif de notre visite et exhibé l'ordonnance, qui sera jointe à notre acte, et qui nous a été délivrée par M. . M. n'ayant mis aucun obstacle à notre recherche, nous avons parcouru différentes pièces de la maison sans trouver rien qui justifiât nos soupçons ; mais parvenus à la porte d'un local fermé dont nous avons demandé l'ouverture, nous y avons trouvé (faire la description exacte des chaudières, cuves et ustensiles), ainsi que dix tonneaux contenant de l'huile de (et indiquer les quantités de grammes). Toutes ces circonstances établissant incontestablement une fabrication d'huile, avons sommé M. de nous exhiber la déclaration qu'il a dû en faire préalablement ; il a répondu n'en point avoir. Vu sa contravention à l'article du règlement de l'octroi de cette ville, contravention punie par les articles 29 de l'ordonnance du 9 décembre 1814, 46 de la loi du 28 avril 1816, 8 et 9 de celles des 29 mars 1832 et 24 mai 1834, nous lui avons déclaré procès-verbal, et saisie des dix tonneaux du poids de kilogrammes brut, que nous avons reconnu contenir de l'huile de pesant ensemble . Nous les avons évalués, d'accord avec M. , à la somme de et laissés à sa charge et garde, le rendant responsable de ladite valeur. Ne pouvant rédiger notre procès-verbal sur les lieux, nous avons déclaré à M. que nous procéderions ce jour à heures, au bureau de , situé , à la rédaction de cet acte, le sommant de s'y trouver à l'effet d'assister à sa rédaction et le signer ; à quoi il a répondu . Nous étant rendus audit bureau à l'heure susdite, nous y avons dressé le présent en l'absence de M. .

Fausse déclaration d'objets récoltés dans l'intérieur d'une ville à octroi.

L'an mil ...

Certifions que M. , ayant fait ce jour au bureau de , la déclaration prescrite par l'article du règlement de l'octroi de cette ville, pour cent bottes de foin que M. a déclaré être le produit total de sa récolte de cette année, nous nous sommes rendus au domicile dudit M. , rue , n° , où étant parvenu et l'ayant trouvé, nous l'avons invité à nous conduire dans le local où sont renfermées les cent bottes de foin mentionnées en sa déclaration susdite. Il nous a aussitôt fait l'ouverture d'une pièce au rez-de-chaussée attenant à sa maison, et où nous avons reconnu et compté cent bottes de foin.

Soupçonnant que cette quantité ne formait pas la totalité de sa récolte, nous l'avons invité à nous ouvrir les autres parties des dépendances de sa maison, et entre autres une espèce de grenier qui se trouve au-dessus d'une écurie et auquel on parvient par une trappe. M. nous ayant procuré une échelle, nous nous sommes introduits dans ce grenier, où nous avons trouvé une assez grande quantité de foin nouveau ; nous lui avons fait remarquer que ce foin n'ayant pas été compris dans sa déclaration, il y avait contravention à l'article du règlement de l'octroi de cette ville, contravention punie par les articles 29 de l'ordonnance du 9 décembre 1814, 46 de la loi du 28 avril 1816, 8 et 9 de celles des 29 mars 1832 et 24 mai 1834, et lui en avons déclaré saisie et procès-verbal.

Nous avons reconnu après comptage que lesdites bottes de foin s'élevaient au nombre de cinquante, et nous les avons évaluées de concert avec M à la somme de vingt-cinq francs ; avons laissé le tout à sa charge et garde, le rendant responsable de la valeur. Nous avons ensuite procédé à la rédaction du présent procès-verbal dans une salle du rez-de-chaussée faisant partie de la maison de M. .

Requête à établir sur timbre à 0 fr. 60, tendant à obtenir l'autorisation de procéder à une perquisition dans les locaux d'habitation.

Le (1) de l'octroi de la ville de , y demeurant, agissant en conformité des dispositions de l'article 14 de la loi du 6 août 1905, sollicite de M. le (*président du tribunal au juge de paix*) l'au-

(1) Préposé en chef.

torisation de procéder à une visite domiciliaire dans les locaux d'habitation de M. , domicilié à , soupçonné d'avoir (*indiquer d'une façon précise et circonstanciée les raisons qui motivent la perquisition.*)

Fait à , le 191 .

Modèle d'ordonnance (1) autorisant une visite domiciliaire dans les locaux d'habitation.

Nous (*président du tribunal civil de ou juge de paix du canton de*)

Vu l'article 14 de la loi du 6 août 1905 ;

Vu la requête ci-dessus ;

Attendu qu'il résulte de ladite requête, présentée par M. , et de ses explications verbales, qu'il y a de graves présomptions de fraude contre M. , demeurant à , soupçonné de , autorisons M. accompagné de MM. , employés de l'octroi, ainsi que du commissaire de police, à procéder à une visite domiciliaire dans les locaux constituant l'habitation de M. , à , et dans leurs dépendances.

Disons que la présente ordonnance sera exécutoire par provision et avant enregistrement.

Fait à , le 191 .

(1) Cette ordonnance doit être libellée à la suite de la requête et enregistrée dans les vingt jours de sa date.

Réquisition au juge de paix ou au commissaire de police.

Le (1) de l'octroi de la ville de , y demeurant, agissant en vertu de l'article 53 du décret du 1er germinal an XIII et de l'article 92 de l'ordonnance du 9 décembre 1814 et 15 de celle du 6 août 1905, invite et requiert M. le (*commissaire de police à ou juge de paix du canton de*) de

(1) Préposé en chef.

vouloir bien l'assister dans la visite qu'il se propose de faire chez M. , demeurant à , rue , n° , en vertu de l'ordonnance qui lui a été délivrée par M. et que j'ai exhibée.

Fait à , le 191 .

Ordre de visite.

Je soussigné (1), de l'octroi de la ville de , agissant en vertu de l'article 237 de la loi du 28 avril 1816 et 15 de celle du 6 août 1905, donne l'ordre à MM. , employés d'octroi, à la résidence de , de m'accompagner dans la visite domiciliaire que je me propose de faire chez M. , demeurant à , rue , n° , soupçonné de . (*Indiquer d'une façon circonstanciée les motifs de la perquisition.*)

Fait à , le 19 .

Signature :

Vu à le 191 par le commissaire de police soussigné :

Vu par M. (2) qui en a reçu lecture à le 191 .

Signature :

(1) Préposé en chef.
(2) La personne qui assiste à la perquisition.

Requête pour obtenir l'autorisation de vendre des objets saisis sujets à dépérissement.

Nous soussignés (*grades*), de l'octroi de agissant en vertu de l'article 82 de l'ordonnance du 9 décembre 1814, requérons M. le juge de paix du canton de de nous autoriser à procéder sans délai à la vente de (*indiquer la nature et le nombre des objets saisis*) saisis sur M. , suivant procès-verbal du , dont nous sommes porteurs pour contravention aux articles (*les indiquer*).

Fait à , le 191 .

Nota. — Cette requête doit être suivie de l'ordonnance du juge de paix et annexée à l'acte de vente.

Affiche annonçant la vente d'objets saisis.

Le public est informé qu'il sera procédé le (*an, mois, jour et heure*) à (*rue et n°*) à la vente publique et aux enchères des objets provenant de saisie par suite de procès-verbal qui sont désignés ci-après. (*Décrire ces objets : nature, volume, poids...*)

Les frais de toute nature ainsi que les droits afférents aux objets ci-dessus désignés seront acquittés au comptant par l'acheteur en sus du prix d'adjudication.

Fait à , le 191 .

Signature de l'employé qui effectuera la vente.

Nota. — Cette affiche, rédigée sur papier libre, doit être apposée cinq jours à l'avance, à la porte de la mairie et à celle du bureau où s'effectuera la vente. Les objets ne sont remis à l'acheteur que moyennant le paiement du prix de l'adjudication et des frais, et après accomplissement, s'il y a lieu, des formalités d'octroi.

Acte de vente d'objets saisis.

L'an , je, soussigné (*nom et grade de l'employé qui a procédé à la vente*) de l'octroi, certifie qu'en conformité de l'article 79 de l'ordonnance du 9 décembre 1814, après affiches signées et apposées à la porte de la mairie et à celle de notre bureau situé à , rue , n° , j'ai procédé aujourd'hui, à heure de , en présence du public assemblé, à la vente au plus offrant et dernier enchérisseur de , saisis par procès-verbal du sur M. et acquis à l'octroi en vertu (*du jugement rendu le ou de la transaction souscrite le par M.*). Ladite vente faite à la charge par l'acquéreur d'acquitter avant l'enlèvement, outre le prix auquel il aura été porté, les objets qui lui auront été adjugés, les droits dont ils sont passibles et les frais de vente. Lesdits objets ayant été mis à prix successivement par diverses personnes, ont été adjugés à M. , demeurant à , pour la somme de , qu'il a payée comptant ainsi que les droits et les frais. La vente étant terminée, j'ai dressé et signé le présent acte.

Nota. — L'acte de vente établi sur timbre doit être enregistré.

Réquisition à la force publique ou aux autorités civiles.

Nous soussignés (*grades*) , employés de l'octroi à , requérons M. (*le commandant de place, un chef de poste militaire, le commissaire de police, le maire, la gendarmerie*), en vertu de l'article 65 de l'ordonnance du 9 décembre 1814 de nous prêter aide et assistance pour l'exercice de nos fonctions et spécialement pour

Fait à , le 19 .

Nota. — Quand elle s'adresse à la force armée, la réquisition doit être écrite et signée sur le registre du poste.

Réquisition à la gendarmerie ou à la police pour faire conduire devant l'autorité compétente un contrebandier en état d'arrestation.

Nous, soussignés (*noms, grades et résidence*), de l'octroi en vertu des articles 46, 224, 245 de la loi du 28 avril 1816 et 9 de celles des 29 mars 1832 et 24 mai 1834, requérons M. (*commissaire de police, brigadier de gendarmerie, agent de police*), de conduire ou faire conduire devant le magistrat compétent M. , remis par nous entre ses mains, et arrêté pour contravention aux articles (*les indiquer*), ainsi que le constate notre procès-verbal du dont copie est ci-jointe.

Fait à , le 191 .

Nota. — Cette réquisition est faite en double expédition ; l'une est remise au fonctionnaire requis ; l'autre, visée pour décharge du prisonnier, par le fonctionnaire requis, est conservée par les verbalisants, et jointe au dossier de l'affaire.

Par magistrat compétent il faut entendre le juge d'instruction et le procureur de la République.

Requête pour faire désigner l'établissement de bienfaisance auquel le gibier saisi doit être livré.

Nous, soussignés (*grades*) de l'octroi de , agissant en vertu de l'article 23 de la loi du 3 mai 1844, requérons qu'il plaise (*à M. le juge de paix du canton de ou à M. le Maire de la commune de*) décider que le gibier saisi sur M. pour contravention à l'article 4 de la même loi par procès-verbal du , dont nous sommes porteurs, lequel gibier consiste en (*indiquer l'espèce de gibier et le nombre*), soit, en exécution dudit article 4, livré à l'établissement de bienfaisance de .

A , le 191 .

Nota. — La requête doit être suivie de l'ordonnance du juge de paix ou de l'autorisation du maire ; le récépissé de l'économe de l'établissement de bienfaisance y est ensuite annexé.

CONTROLE ET VÉRIFICATION DES DÉCLARATIONS

PROCÉDÉS DIVERS. — BARÊMES

Les employés de l'octroi doivent se servir des jauges, sondes, rouanes, alcoomètres et autres ustensiles dont les employés des contributions indirectes font usage.

La régie fait fournir ces ustensiles dont le prix est payé par les communes.

Mais si l'Administration reconnaît aux communes la faculté de se pourvoir des appareils réglementaires dans ses magasins, elle n'a point entendu leur en imposer l'obligation. Les communes peuvent acheter directement en fabrique les instruments dont elles ont besoin et dont la vente est d'ailleurs subordonnée au contrôle officiel de leur justesse.

Vérification des contenances. — Contrôle et rectification des déclarations. — Procédés divers. -- Barèmes.

On peut avoir recours à trois procédés différents pour reconnaître la capacité d'un récipient :

Le pesage ;

L'empotement ;

Le jaugeage.

Le pesage, dont l'emploi tend à se généraliser dans la vente des vins, ne donne pas un résultat rigoureusement exact, car on attribue en général au vin le poids de 1 kilogr. par litre, tandis que la densité réelle du vin varie entre 993 et 999 ; de sorte que 100 kgr. de vin peuvent représenter 100 l. 70 au lieu de 100 litres.

D'ailleurs le pesage ne peut évidemment s'appliquer qu'aux fûts de petite dimension.

L'empotement est le seul procédé qui donne une exactitude mathématique s'il est employé avec les précautions voulues. C'est d'ailleurs le seul procédé légal, reconnu par l'Administration, pour constater la contenance des vaisseaux employés chez les assujettis : le dépotement ne peut avoir lieu que comme moyen de contrôle à la suite d'un empotement, lorsqu'il y a lieu de soupçonner une inexactitude.

L'empotement doit se faire avec un décalitre poinçonné. S'il arrivait que l'on fût obligé de se servir de vases non poinçonnés, on devrait les choisir très étroits à l'ouverture, et en vérifier soigneusement la contenance avec un litre poinçonné.

La capacité entière des vaisseaux doit être comprise dans l'épalement, et l'on ne doit cesser d'y verser de l'eau que lorsqu'ils ne peuvent plus en contenir Ce principe est incontestable : il exige que l'on comprenne, le cas échéant, dans l'épalement des chaudières et des autres vaisseaux, tous les accessoires fixes ou mobiles, qui en augmentent réellement la capacité. On doit y faire placer les clefs et faire boucher tous les trous par lesquels l'eau pourrait s'échapper.

L'empotement exige trop de temps pour qu'on puisse y avoir recours dans la pratique quotidienne.

Aussi, en fait, est-ce au *jaugeage* qu'on a recours le plus souvent.

Les jauges dont on se sert en général sont :

1° *La jauge à ruban* nouveau système.

Cette jauge ne peut être utilisée que pour reconnaître la capacité d'un fût, mais non pour reconnaître la quantité de liquide qu'il peut contenir.

Pour le cas où on aurait à reconnaître rapidement et d'une manière approximative la contenance d'un fût qu'on ne pourrait débonder, on a établi une jauge à ruban, graduée de litre en litre jusqu'à cent ; de 5 litres en 5 litres jusqu'à 50 hectolitres, et de 10 en 10 jusqu'à 20 hectolitres.

Les jables ne sont pas compris dans les dimensions de cette jauge.

Pour s'en servir, il faut la prendre d'une main entre le pouce et l'index à la ligne indiquée comme point de départ des divisions, et tenir cette partie de la jauge exactement au-dessus du bout du doigt qu'on appuie contre le fond du tonneau. De l'autre main, on développe le ruban jusqu'à l'extrémité du tonneau, en le tenant entre le pouce et l'index, bien tendu en face du bout des doigts qu'on appuie contre le second fond du tonneau. De cette façon, on a la longueur du fût entre les deux jables.

On prend la moitié de cette longueur, en pliant le ruban au milieu de la longueur trouvée ; puis on applique le pli à la partie supérieure du fond, sous le jable, et on développe la jauge en descendant jusqu'à la partie inférieure près du jable, de manière à traverser le fond dans son plus grand diamètre ; la division marquée à ce point est la capacité du fût.

Du côté opposé aux divisions de la jauge, le ruban est divisé de centimètre en centimètre pour prendre certaines mesures nécessaires aux calculs du cubage.

2° *La jauge brisée en fer.*

Cette jauge a environ 124 centimètres de longueur, y compris le bouton qui la termine.

En vue de la rendre plus portative, on l'a divisée en cinq tronçons. L'épaisseur de cet instrument est de 7 millim. 1/2 et son poids de 610 grammes. Deux clefs permettent de visser les uns sur les autres les bouts à ajuster et de les serrer à fond, ce qu'il ne serait pas aisé de faire à la main. Aux extrémités correspondantes des cinq segments à assembler sont gravées les lettres A, A ; B. B ; C, C ; D, D, qu'il est essentiel de mettre en regard quand on procède au montage de l'instrument.

Sur l'une des faces se trouve une échelle de cent degrés, chiffrés de cinq en cinq : chaque degré vaut un décalitre ou dix litres ; dix degrés valent un hectolitre ou cent litres ; et les cent degrés, dix hectolitres ou mille litres.

Sur l'autre face, qui ne sert qu'aux petits barils de 18 à 30 litres et qu'on appelle côté faible, chaque degré vaut un litre.

La jauge est construite sur les dimensions fixées pour les futailles métriques, et réglée de manière que la longueur intérieure, le diamètre intérieur du bouge et le diamètre intérieur de l'un des fonds soient dans toutes les pièces, comme les nombres 21, 18, 16.

Cet instrument s'introduit diagonalement par la

bonde, de manière que le bout porte à l'extrémité du fond, et soit appuyé sur la douve opposée à celle de la bonde ; s'étant ainsi assuré de la plus grande distance qui existe entre l'angle du fond et le centre de l'ouverture, on regarde à quel point de la jauge aboutit le dessous de la douve ; si ce point, exactement pris au centre de la bonde et au-dessous du bois, est trente, c'est trente décalitres ou trois cents litres que cette futaille contient ; mais les bondes se trouvant rarement percées à distance égale des deux fonds, il est toujours nécessaire de mesurer les deux côtés pour obtenir un terme moyen, qui indique la contenance des tonneaux.

Supposons un tonneau dont un côté pris au centre de la bonde sous la douve soit de trente divisions, et que l'autre, pris de la même manière, soit de trente-deux : la moitié de la différence de trente à trente-deux est un, qu'il faut ajouter au côté le plus faible qui est trente ; on aura pour résultat trente-un décalitres ou trois cent dix litres ; ou bien additionnant les deux sommes trente et trente-deux, qui valent soixante-deux, on en prendra la moitié et on obtiendra comme auparavant trente-un décalitres.

Supposons maintenant un tonneau dont un côté soit de quarante-cinq degrés et l'autre de 46 : le terme moyen sera quarante-cinq et demi, ou, en décimales, quarante-cinq décalitres et cinq litres, ou simplement quatre cent cinquante-cinq litres.

	litres.
Si ce même tonneau avait d'un côté quarante-cinq décalitres trois dixièmes, ou. . .	453
Et de l'autre quarante-cinq décalitres sept dixièmes, ou.	457
Additionnant les deux sommes, on aurait. .	910
Dont la moitié serait comme ci-dessus de. .	455

Il en est de même pour tous les autres cas.

Quand on se sert du côté faible, explique M. Littras, il faut ajouter les résultats fournis par les deux diagonales, sans prendre la moitié, attendu que la graduation de la jauge ne donne ici que les demi-cylindres, tandis que, sur le côté fort, elle donne le cylindre entier pour la diagonale de la moitié ; l'unité du côté faible n'est plus le décalitre, mais le litre.

3° *La jauge en bois à ressorts.* — Elle porte une échelle de 100 degrés chiffrés de 5 en 5 : chaque degré vaut un décalitre, 10 valent 100 litres, 100 valent 1.000 litres.

Pour trouver la contenance d'un fût, on introduit la jauge diagonalement par la bonde jusqu'à ce qu'on rencontre le fond dans sa partie la plus basse, afin d'obtenir, au-dessous du bois, la plus grande distance oblique de ce fond au centre de la bonde. Dans la crainte que celle-ci ne soit pas placée bien au milieu, il faut jauger des deux côtés et prendre la moyenne (ou la moitié des deux résultats).

Cette jauge a les divisions métriques marquées sur un côté, pour servir à trouver ce qui reste dans un fût en vidange, au moyen du tableau indicateur, et pour prendre la hauteur des chaudières, cuves, bacs et citernes, et dont on veut évaluer la contenance.

Les calculs de la jauge à ruban et de la jauge en bois à ressorts, cette dernière dite diagonale, sont basés sur ce principe : que le carré élevé sur l'hypothénuse d'un triangle rectangle est égal à la somme des carrés construits sur les deux autres côtés.

4° *La jauge en bois à ressorts munie d'un crochet articulé en cuivre.*

La jauge à ressorts à crochet présente sur la jauge en bois à ressorts les avantages suivants :

Cette jauge porte à son extrémité un crochet en cuivre articulé duquel partent les divisions graduées de la jauge.

Ce crochet permet de prendre la longueur des fûts sans calcul, parce que le crochet articulé faisant le tour du jable permet de lire la longueur du fût lui-même, jable non compris.

Elle porte, outre le côté des divisions de litre en litre, une division de demi-centimètre en demi-centimètre. Pour mesurer la contenance, on opère sur cette jauge comme sur celle que nous venons d'indiquer.

Jaugeage métrique.

Pour trouver la contenance d'un tonneau sans jauge, il faut prendre le carré du diamètre moyen, ou demi-somme du grand et du petit diamètre, le déduire du carré de la diagonale, prendre la racine carrée de cette différence et la multiplier par 2, ce qui donne la longueur intérieure. Ensuite, multiplier le diamètre moyen par 22 et diviser ce produit par 7 ; on a la circonférence, qu'il faut multiplier par le quart du diamètre moyen, pour avoir la surface. On retranche les fractions et on multiplie par la longueur plus haut. Le résultat est la contenance cherchée.

Voici un moyen plus facile :

Il consiste à chercher le diamètre réduit, qui s'obtient en ajoutant le diamètre des fonds au double de celui du bouge et en divisant par 3. Ensuite, on multiplie ce diamètre réduit par 3142, ce qui donne la circonférence du cercle. On multiplie cette circonférence par le quart du diamètre réduit, et on multiplie ce produit par la longueur du tonneau.

Opérons sur un tonneau dont la longueur entre les deux jables est de 81 centimètres, le diamètre du fond de 61 centimètres, et le diamètre du bouge de 73 centimètres.

On a : le diamètre des fonds		61	
ajouté à 2 fois le diamètre des bouges	73 =	146	
Total duquel on prend le tiers.		207	
Le tiers est, ...		69	diamètre
réduit que l'on multiplie par	3142		
	69		
	28278		
	18852		
	216798		circonférence
que l'on multiplie par. . . . . diamètre réduit.	172		quart de 69,
	433596		
	1517586		
	216798		
	37289256		

cercle moyen que l'on multiplie par . . 37289256 surface du 81 longueur du tonneau.

```
   37289256
  298314048
 ----------
 3020429736
```

ce qui donne un peu plus de 302 litres pour la contenance du tonneau.

Tableau des segments des fûts cylindriques couchés.

Diamètre.	Segment.	Différence.	Diamètre.	Segment.	Différence.	Diamètre.	Segment.	Différence.	Diamètre.	Segment.	Différence.
1	0.0017	31	26	0.2066	112	51	0.5127	128	76	0.8154	108
2	0.0048	39	27	0.2178	114	52	0.5255	127	77	0.8262	107
3	0.0087	47	28	0.2292	115	53	0.5382	127	78	0.8369	104
4	0.0134	53	29	0.2407	116	54	0.5509	127	79	0.8473	103
5	0.0187	58	30	0.2523	117	55	0.5636	126	80	0.8576	101
6	0.0245	63	31	0.2640	119	56	0.5762	126	81	0.8677	99
7	0.0308	67	32	0.2759	119	57	0.5888	126	82	0.8776	97
8	0.0375	71	33	0.2878	120	58	0.6014	126	83	0.8873	94
9	0.0446	74	34	0.2998	121	59	0.6140	125	84	0.8967	92
10	0.0520	79	35	0.3119	122	60	0.6265	124	85	0.9059	90
11	0.0599	81	36	0.3241	123	61	0.6389	124	86	0.9149	87
12	0.0680	84	37	0.3364	123	62	0.6513	123	87	0.9236	84
13	0 0764	87	38	0.3487	124	63	0.6636	123	88	0.9320	81
14	0.0851	90	39	0.3611	124	64	0.6759	122	89	0.9401	79
15	0.0941	92	40	0.3735	125	65	0.6881	121	90	0.9480	74
16	0.1033	94	41	0 3860	126	66	0.7002	120	91	0.9554	71
17	0.1127	97	42	0.3986	126	67	0.7122	119	92	0.9625	67
18	0.1224	99	43	0 4112	126	68	0.7241	119	93	0.9692	63
19	0.1323	101	44	0.4238	126	69	0.7360	117	94	0.9755	58
20	0.1424	103	45	0.4364	127	70	0.7477	116	95	0.9813	53
21	0.1527	104	46	0.4491	127	71	0.7593	115	96	0.9866	47
22	0.1631	107	47	0.4618	127	72	0.7708	114	97	0.9913	39
23	0.1738	108	48	0.4745	128	73	0.7822	112	98	0.9952	31
24	0.1846	109	49	0.4873	127	74	0.7934	111	99	0.9983	17
25	0.1955	111	50	0.5000	127	75	0.8045	109	100	1.0000	

Manière de se servir de la table ci-dessus.

Soit un fût cylindrique de 500 litres ayant 80 centimètres de hauteur sous bonde et dans lequel il reste 21 centimètres de liquide.

Multiplier le mouillé par 100 et diviser le produit obtenu par la hauteur pour avoir le diamètre : $\frac{21 \times 100}{80} =$. . . . . 26.25.

La table des segments donne pour le diamètre 26 . . . . 0.2066

Multiplier par 0.25 (26.25 — 26) la différence qui existe entre le segment correspondant au diamètre 26 et celui correspondant au diamètre 27, soit : $\frac{112 \times 0.25}{10\,000} =$. . . . 0.0028

Total. . . 0.2094

En multipliant la contenance du fût, soit 500 litres, par le nombre 0,2094, on obtiendra immédiatement le reste cherché, soit : 500 × 0.20 94 = 104 litres 7, et en forçant, 105 litres.

Pesage des liquides.

Pour peser les liquides, on a recours à l'*alcoomètre* et aux divers instruments d'alcoométrie ou d'analyse, en particulier à l'alambic d'essai.

L'alcoomètre de Gay-Lussac est un aréomètre à graduation spéciale destiné à indiquer la proportion d'alcool contenue dans un pareil mélange d'eau et d'alcool. Lorsque l'alcoomètre est plongé dans un pareil mélange, il s'enfonce jusqu'à ce qu'il y ait équilibre entre le poids de l'instrument et le poids constant du volume de la partie du liquide dont il tient la place. Ce dernier volume est plus ou moins grand, selon que le liquide est plus ou moins riche en alcool parce que l'alcool est plus léger que l'eau sous même volume.

Le volume immergé de l'alcoomètre mesure la densité ou le poids spécifique d'un mélange d'eau et d'alcool. Le point de flottaison de la tige graduée de l'alcoomètre indique cette densité. L'alcoomètre est donc un véritable instrument de pesage pour les liquides exclusivement composés d'alcool et d'eau ; toutefois, la matière avec laquelle certaines eaux-de-vie sont colorées en jaune ambré n'exerce pas une influence sensible sur les indications de l'alcoomètre.

Tout mélange d'eau et d'alcool éprouve une contraction. Le volume du mélange est plus petit que la somme des deux volumes qui le composent. Cette contraction est variable selon les proportions respectives des deux liquides. La densité ne peut donc indiquer rigoureusement la proportionnalité de l'alcool que si les degrés de l'échelle graduée sont inégalement espacés suivant une relation calculée. La graduation tient compte de la contraction.

L'échelle de l'alcoomètre de Gay-Lussac est divisée en 100 degrés (de 0° à 100°) représentant, chacun, un centième d'alcool pur, en volume, à la température de 15 degrés centigrades au-dessus de zéro (+ 15), soit un centilitre par litre de liquide. Ses indications donnent donc immédiatement la richesse réelle à cette dernière température.

Mais l'influence du froid et de la chaleur sur les liquides alcooliques est très sensible. En effet, à des températures plus hautes ou plus basses que + 15°, moyenne à laquelle sont gradués les alcoomètres, les liquides se dilatent ou se contractent : leur densité proportionnelle est modifiée, et. par suite, l'alcoomètre s'y enfonce plus ou moins. Dans ce cas, les indications de l'instrument ne sont qu'apparentes ; elles ne correspondent plus à la richesse réelle en alcool.

Il est donc nécessaire de tenir compte de ces modifications d'état, et de constater, au moyen d'un thermomètre, la température du liquide en même temps qu'on y plonge l'alcoomètre. Il ne reste plus alors qu'à convertir la *richesse apparente*, indiquée par le degré d'enfoncement de l'alcoomètre, en *richesse réelle*. En d'autres termes, il faut rechercher quelle serait, à + 15°, la force alcoolique d'un liquide qui marque toute autre température au thermomètre. Si la température est supérieure à + 15°, il y a dilatation du volume, et, dans ce cas, l'indication de l'alcoomètre doit être proportionnellement diminuée. Il y a contraction, c'est-à-dire amoindrissement du volume, quand le thermomètre accuse moins de 15° au-dessus de zéro ; alors le degré alcoométrique apparent doit être proportionnellement augmenté.

Pour permettre d'opérer cette correction, Gay-Lussac a construit, à l'aide de calculs reposant sur des données expérimentales, une table dite **Table de la force réelle** *des liquides spiritueux ou indications que donnerait l'alcoomètre dans les divers liquides spiritueux amenés, de la température à laquelle la force apparente en est prise, à celle de 15° C.* Soit un liquide dont la force apparente est de 80° et la température de 6° C. ; la table de la force réelle indique que, si l'on ramenait ce liquide à 15° C., avant d'en effectuer la pesée, l'instrument marquerait non plus 80, mais 82°6, c'est-à-dire que 100 litres de liquide, *mesurés à 15° C.*, contiennent 82 l. 6 d'alcool absolu également mesurés à 15° C. 82°6 est donc la force réelle, le degré réel de ce liquide.

Mais, si l'on avait effectivement ramené ce liquide de 6° à 15° C., ce n'est pas seulement son poids spécifique qui aurait changé ; c'est aussi ce volume. De telle sorte que, si l'on veut connaître, non plus seulement la force réelle d'un liquide, mais la quantité d'alcool pur que renferme un volume donné de ce liquide, mesuré à une température quelconque, il faut, indépendamment de la correction du degré, ramener, par le calcul, ce volume donné à celui que le liquide occuperait si la température était de 15° C.

La table fournit le moyen de faire également cette correction. A côté de la force réelle correspondant au degré apparent et à la température ($t°$) de l'expérience, on y trouve l'indication du volume que 1 000 parties du liquide, mesurés à $t°$, occuperaient si la température était ramenée de $t°$ à 15° C. Dans le cas de l'exemple déjà cité, la table fait connaître que 1.000 litres d'un liquide, dont le degré apparent est de 80° et la température 6° C., occuperaient, à la température de 15° C., un volume de 1.009 litres. De telle sorte que, pour déterminer la quantité d'alcool pur que renferment, par exemple, 600 litres de ce liquide, il faudrait effectuer les opérations suivantes :

$$600 \times \frac{1\,009}{1.000} = 605.41 \times \frac{82.6}{100} = 500 \text{ l. } 6$$

Pour simplifier le calcul, en réduisant de deux à

une le nombre des multiplications à effectuer, Gay-Lussac a construit, sur les données de la Table de la force réelle, une deuxième table dans laquelle se trouve toute faite la multiplication de la force réelle (dans l'espèce 82°6) par le rapport des volumes à t^o et à 15° C. (dans l'espèce $\frac{1.009}{1.000}$). C'est la **Table de richesse en alcool** des liquides spiritueux. Pour le cas déjà cité (degré apparent 80°, température 6° C.). cette table nous indique une richesse en alcool de 83,3 (produit de la multiplication de 82,6 par $\frac{1.009}{1.000}$ avec quatre centièmes négligés). Les opérations précédemment indiquées se réduiront donc à :

$$600 \times \frac{83.3}{100} = 499 \text{ l. } 80.$$

Ces explications conduisent aux définitions suivantes :

Le **volume réel** *d'un liquide alcoolique est le nombre de litres que mesure le liquide à la température de 15 C. Si la température diffère de 15 C., le volume reconnu est un* volume apparent. *La* **Table de la force réelle** *fournit les indications nécessaires pour la conversion du volume apparent en volume réel.*

Le **degré réel** *d'un liquide alcoolique est la quantité, en volume, mesurée à 15 C., que contiennent 100 parties de ce liquide ramené effectivement à la température de 15° C. Si la température diffère de 15° C., l'alcoomètre n'accuse qu'un* degré apparent. *La* **Table de force réelle** *donne le moyen de convertir le degré* apparent en degré réel. La force réelle d'un liquide est constante, quelle que soit la température.

La **richesse en alcool** *d'un liquide à la température de* t° *représente la quantité d'alcool pur mesuré à 15° C. contenue dans 100 litres de ce liquide mesurés à* t°. *Elle est fournie directement par la* Table de richesse. Elle est variable pour un même liquide suivant la température à laquelle on opère.

La quantité d'alcool pur que représente un chargement de spiritueux s'obtient en multipliant soit le volume réel par le degré réel, soit le volume apparent par le degré corrigé à l'aide de la Table de richesse, le volume et le degré apparents étant alors reconnus à la même température.

De ce qui précède, il résulte que les deux tables de Gay-Lussac ont une origine commune, mais répondent à des besoins différents. La *Table de richesse* est d'un usage plus commode lorsqu'il s'agit simplement de connaître la quantité d'alcool pur imposable que représente une quantité de liquide spiritueux dont on connaît le volume apparent et le degré apparent, *déterminés tous deux à la même température*. Toutefois, c'est à la *Table de la force réelle* qu'on doit toujours avoir recours lorsqu'on a besoin de déterminer le degré réel de ce liquide, lorsqu'il s'agit, par exemple, d'identifier un chargement par comparaison entre les indications du titre de mouvement qui l'accompagne et les résultats matériels d'une vérification.

Alcoométrie.

Précautions à prendre dans l'emploi de l'alcoomètre et du thermomètre.

Alcoomètres. — Les alcoomètres doivent être entretenus dans un état de propreté absolue. Tout corps étranger qui se fixe à la surface de l'instrument en augmente le poids et en fausse les indications. Le moindre rugosité à la surface peut d'ailleurs empêcher le liquide de le mouiller parfaitement. Il en résulte une sorte de frottement, par suite duquel l'instrument reste quelquefois au point où on le pose sans prendre son équilibre de lui-même. Les souillures peuvent encore avoir pour effet de retenir, attachées aux parois de l'alcoomètre, des bulles d'air imperceptibles qui, faisant l'office de petits ballons, rendent les alcoomètres plus légers et sont susceptibles de les faire émerger plus qu'il ne convient.

Avant de se servir de l'alcoomètre, il est bon de le mouiller dans l'alcool à examiner, puis de l'essuyer légèrement avec un linge fin. On peut encore nettoyer la tige de l'instrument en la passant entre deux feuilles de papier buvard sur lesquelles on a déposé une goutte de lessive caustique (soude ou potasse). On enlève de la sorte les substances graisseuses qui peuvent souiller l'alcoomètre et empêcher le liquide de mouiller parfaitement la tige graduée.

Thermomètres. — Les principales qualités d'un bon thermomètre résident de la régularité de la forme cylindrique du tube et dans sa division en parties d'égales capacités, le zéro correspondant à la glace fondante et le 100e degré à l'eau bouillante sous la pression barométrique de 760 millimètres. Il faut encore qu'il soit chargé de mercure, préférablement à l'alcool, cette dernière substance n'étant pas aussi instantanément impressionnée par la température ambiante, et qu'il soit complètement purgé d'air, de façon que la colonne de mercure puisse circuler librement et sans pression dans le tube.

Si la colonne de mercure venait à se diviser, il suffirait, pour en réunir les différentes sections, de saisir le thermomètre, le réservoir placé entre le pouce et les deux premiers doigts, et de le tenir ainsi renversé en l'agitant par de petits chocs réitérés ; ou encore en le frappant légèrement et par saccades sur une table, après l'avoir débarrassé du crochet qui sert à le fixer dans l'éprouvette. Le mercure du réservoir, sollicité par ces chocs, descendrait et les parties séparées se réuniraient. Le thermomètre, remis ensuite dans sa position normale, reprendrait sa marche régulière.

Pesage. — Lorsqu'on doit procéder successivement à plusieurs essais, il faut, après chaque pesage, essuyer intérieurement l'éprouvette, afin que le premier liquide qui en a mouillé les parois ne fausse pas la valeur de celui qui y succède dans l'opération suivante.

Quand on veut essayer un liquide spiritueux pour en connaître la richesse alcoolique, on verse d'abord le liquide dans l'éprouvette jusqu'à cinq centimètres environ de son bord, puis on place le thermomètre dans la rainure de celle ci en l'assujettissant sur le bord au moyen du crochet. L'alcoomètre est ensuite plongé à son tour dans le liquide. On le prend entre le pouce et l'index ; on l'y laisse glisser légèrement jusqu'à ce que la tige soit descendue à peu près au point où elle doit affleurer, et on ne l'abandonne qu'au moment où il flotte. Il importe, en effet, de ne mouiller que la partie de la tige qui doit être immergée. Autrement, la tige chargée de liquide rendrait l'instrument trop lourd et l'opération serait faussée. Une condition essentielle à observer consiste à laisser flotter librement l'alcoomètre dans l'éprouvette sans aucune adhérence aux parois et à attendre qu'il soit au repos pour lire le trait exact de flottaison.

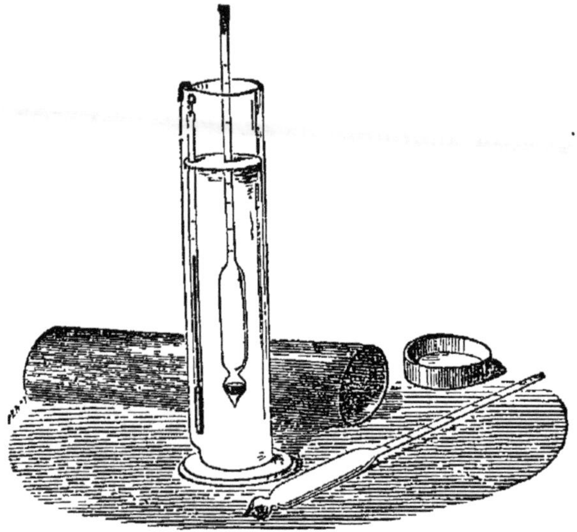

Fig. 1.

On peut, d'ailleurs, s'assurer que le point d'arrêt reste bien toujours le même en imprimant à la tige un léger mouvement dans le sens vertical.

Pour lire le point de la tige que le liquide affleure, il faut avoir soin de placer l'œil de façon que le rayon visuel suive parallèlement la surface inférieure du liquide jusqu'à ce qu'il rencontre l'échelle alcoométrique au point où elle paraît comme coupée en deux par cette surface. Il ne faut pas tenir compte, bien entendu, dans l'appréciation du point d'affleurement, de la petite élévation du liquide ou renflement de forme concave qui remonte en entourant la tige, et qui est connue en physique sous le nom de ménisque. Ce phénomène, qui tient à une action capillaire, se produit toutes les fois que le liquide mouille le corps avec lequel il est en contact. Si l'on n'observe pas bien cette petite gibbosité qui semble élever la ligne de niveau de la liqueur, on court le risque de faire erreur d'un degré et plus dans la lecture vraie.

Le point de flottaison de l'alcoomètre étant exactement déterminé, on observe le degré de température indiqué par l'ascension du mercure dans le thermomètre. Si la température est de + 15° centigrades, l'indication de l'alcoomètre donne la richesse alcoolique réelle du liquide. Si elle est plus élevée ou

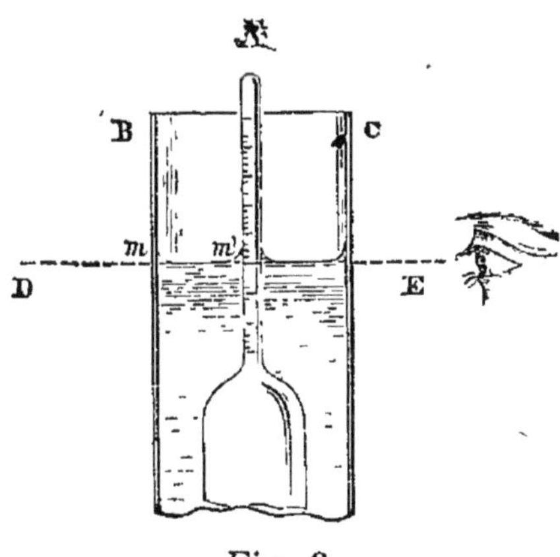

Fig. 2.

moins élevée que + 15°, l'alcoomètre ne donne qu'une richesse apparente, et il faut convertir cette richesse apparente en richesse réelle à l'aide de la table de correction.

Les instruments d'alcoométrie comprennent des instruments *contrôlés* et des instruments *non contrôlés*. La Régie n'admet que les instruments contrôlés, c'est-à-dire dont l'exactitude a été vérifiée par un comité de contrôle institué à Paris et qui certifie son intervention par l'application d'un signe de vérification sur le verre.

Les *alcoomètres* sont gradués par série. Il existe :

1° Une série composée de 3 alcoomètres : le premier pesant de 0 à 35 degrés, le second de 35 à 70 degrés, le troisième de 70 à 100 degrés.

2° Une série de 5 alcoomètres : de 0 à 20, de 20 à 40, de 40 à 60, de 60 à 80, de 80 à 100.

3° Une série de 10 alcoomètres : de 0 à 10, de 10 à 20, de 20 à 30, de 30 à 40, de 40 à 50, de 50 à 60, de 60 à 70, de 70 à 80, de 80 à 90, de 90 à 100.

Enfin il y a l'alcoomètre de 0 à 100 degrés.

Les *thermomètres* mesurent de 0 à + 35 ou de 0 à + 50.

Table des corrections à faire subir au degré apparent indiqué par l'alcoomètre pour obtenir la richesse des liquides spiritueux à la température de 15 degrés centigrades.

DIFFÉRENCES EN MOINS à ajouter aux degrés indiqués par l'alcoomètre pour obtenir la richesse.

DEGRÉS centésimaux indiqués par l'alcoomètre.	0	1	2	3	4	5	6	7	8	9	10	11	12	13	14	15
2	0	0	0	0	0	0	0	0	0	0	0	0	0	0	0	0
3	0	0	0	0	0	0	0	0	0	0	0	0	0	0	0	0
4	0	0	0	0	0	0	0	0	0	0	0	0	0	0	0	0
5	0	0	0	0	0	0	0	0	0	0	0	0	0	0	0	0
6	0	0	0	0	0	1	0	0	0	0	0	0	0	0	0	0
7	0	0	0	0	0	1	0	0	0	0	0	0	0	0	0	0
8	1	0	0	0	0	1	0	0	0	0	0	0	0	0	0	0
9	1	0	0	0	0	1	0	0	0	0	0	0	0	0	0	0
10	1	0	0	0	0	1	0	0	0	0	1	0	0	0	0	0
11	1	0	0	0	0	1	0	0	0	0	1	1	0	0	0	0
12	1	1	1	1	1	1	1	1	1	1	1	1	0	0	0	0
13	2	2	2	2	1	1	1	1	1	1	1	1	0	0	0	0
14	2	2	2	2	2	2	2	1	1	1	1	1	1	0	0	0
15	2	2	2	2	2	2	2	2	1	1	1	1	1	0	0	0
16	3	3	3	2	2	2	2	2	1	1	1	1	1	0	0	0
17	3	3	3	3	2	2	2	2	2	1	1	1	1	0	0	0
18	4	3	3	3	3	2	2	2	2	1	1	1	1	0	0	0
19	4	4	3	3	3	3	2	2	2	1	1	1	1	0	0	0
20	4	4	4	3	3	3	2	2	2	2	1	1	1	0	0	0
21	5	4	4	4	3	3	3	2	2	2	1	1	1	0	0	0
22	5	5	4	4	4	3	3	3	2	2	1	1	1	1	0	0
23	5	5	5	4	4	3	3	3	2	2	2	1	1	1	0	0
24	6	5	5	5	4	4	3	3	3	2	2	1	1	1	0	0
25	6	6	5	5	4	4	3	3	3	2	2	1	1	1	0	0
26	6	6	5	5	5	4	4	3	3	2	2	2	1	1	0	0
27	6	6	5	5	5	4	4	3	3	2	2	2	1	1	0	0
28	6	6	5	5	5	4	4	3	3	2	2	2	1	1	0	0
29	7	6	6	5	5	4	4	3	3	2	2	2	1	1	0	0
30	7	6	6	5	5	4	4	3	3	2	2	2	1	1	0	0

Degrés du thermomètre centigrade (0 à 15, colonnes).

DEGRÉS centésimaux indiqués par l'alcoomètre.	DIFFÉRENCES EN PLUS à déduire des degrés indiqués par l'alcoomètre pour obtenir la richesse.														
2	0	0	0	0	1	1	1	1	1	1	1	2	2	2	2
3	0	0	0	0	1	1	1	1	1	1	1	2	2	2	2
4	0	0	0	0	1	1	1	1	1	1	1	2	2	2	2
5	0	0	0	1	1	1	1	1	1	1	2	2	2	2	2
6	0	0	0	1	1	1	1	1	1	1	2	2	2	2	2
7	0	0	0	1	1	1	1	1	1	2	2	2	2	2	2
8	0	0	0	1	1	1	1	1	1	2	2	2	2	2	2
9	0	0	0	1	1	1	1	1	1	2	2	2	2	2	3
10	0	0	0	1	1	1	1	1	2	2	2	2	2	3	3
11	0	0	0	1	1	1	1	1	2	2	2	2	2	3	3
12	0	0	0	1	1	1	1	1	2	2	2	2	3	3	3
13	0	0	1	1	1	1	1	2	2	2	2	2	3	3	3
14	0	0	1	1	1	1	1	2	2	2	2	3	3	3	3
15	0	0	1	1	1	1	2	2	2	2	2	3	3	3	4
16	0	0	1	1	1	1	2	2	2	2	3	3	3	4	4
17	0	0	1	1	1	2	2	2	2	3	3	3	3	4	4
18	0	1	1	1	1	2	2	2	2	3	3	3	4	4	4
19	0	1	1	1	1	2	2	2	3	3	3	3	4	4	4
20	0	1	1	1	2	2	2	2	3	3	3	4	4	4	5
21	0	1	1	1	2	2	2	3	3	3	3	4	4	4	5
22	0	1	1	1	2	2	2	3	3	3	4	4	4	5	5
23	0	1	1	1	2	2	2	2	3	3	4	4	4	5	5
24	0	1	1	1	2	2	2	3	3	3	4	4	4	5	5
25	0	1	1	1	2	2	3	3	3	4	4	4	5	5	5
26	0	1	1	1	2	2	3	3	3	4	4	4	5	5	5
27	0	1	1	2	2	2	3	3	3	4	4	4	5	5	6
28	0	1	1	2	2	2	3	3	4	4	4	5	5	5	6
29	0	1	1	2	2	2	3	3	4	4	4	5	5	5	6
30	0	1	1	2	2	3	3	3	4	4	4	5	5	6	6
	16	17	18	19	20	21	22	23	24	25	26	27	28	29	30

Degrés du thermomètre centigrade.

DEGRÉS centésimaux indiqués par l'alcoomètre	DIFFÉRENCES EN MOINS à ajouter aux degrés indiqués par l'alcoomètre pour obtenir la richesse.													
31 à 34	7	6	6	5	5	4	4	3	3	2	2	2	1	0
35	6	6	6	5	5	4	4	3	3	2	2	2	1	0
36 à 39	6	6	6	5	5	4	4	3	3	3	2	2	1	0
40 à 44	6	6	5	5	5	4	4	3	3	3	2	2	1	0
45 — 46	6	6	5	5	5	4	4	3	3	2	2	2	1	0
47 à 53	6	6	5	5	4	4	4	3	3	2	2	2	1	0
54 à 56	6	6	5	5	4	4	3	3	3	2	2	2	1	0
57 à 69	6	5	5	5	4	4	3	3	3	2	2	2	1	0
70 — 71	6	5	5	4	4	4	3	3	3	2	2	2	1	0
72 à 78	6	5	5	4	4	4	3	3	3	2	2	1	1	0
79 à 83	5	5	5	4	4	4	3	3	3	2	2	1	1	0
84	5	5	5	4	4	4	3	3	2	2	2	1	1	0
85	5	5	5	4	4	3	3	3	2	2	2	1	1	0
86 à 91	5	5	4	4	4	3	3	3	2	2	2	1	1	0
92 — 93	5	4	4	4	3	3	3	3	2	2	2	1	1	0
94	5	4	4	4	3	3	3	2	2	2	2	1	1	0
95	4	4	4	4	3	3	3	2	2	2	1	1	1	0
96 — 97	4	4	4	3	3	3	3	2	2	2	1	1	1	0
98	»	»	»	»	3	3	2	2	2	2	1	1	1	0
99	»	»	»	»	»	»	»	»	»	1	1	1	1	0
100	»	»	»	»	»	»	»	»	»	»	»	»	»	»
Degrés du thermomètre centigrade.	*0*	*1*	*2*	*3*	*4*	*5*	*6*	*7*	*8*	*9*	*10*	*11*	*12/13*	*14/15*

DEGRÉS centésimaux indiqués par l'alcoomètre.	DIFFÉRENCES EN PLUS à déduire des degrés indiqués par l'alcoomètre pour obtenir la richesse.													
31—32	0	1	2	2	3	3	3	4	4	5	5	5	6	6
33—34	1	1	2	2	3	3	3	4	4	5	5	6	6	6
35—36	1	1	2	2	3	3	3	4	4	5	5	6	6	6
37 à 40	1	1	2	2	3	3	4	4	4	5	5	6	6	6
41 à 43	0	1	2	2	3	3	3	4	4	5	5	6	6	6
44 à 46	0	1	2	2	3	3	3	4	4	5	5	5	6	6
47 à 59	0	1	2	2	2	3	3	4	4	5	5	5	6	6
60 à 70	0	1	2	2	2	3	3	4	4	4	5	5	6	6
71—72	0	1	2	2	2	3	3	4	4	4	5	5	5	6
73 à 82	0	1	2	2	2	3	3	3	4	4	5	5	5	6
83 à 85	0	1	1	2	2	3	3	3	4	4	5	5	5	6
86—87	0	1	1	2	2	3	3	3	4	4	4	5	5	6
88—89	0	1	1	2	2	3	3	3	4	4	4	5	5	5
90—91	0	1	1	2	2	2	3	3	4	4	4	5	5	5
92	0	1	1	2	2	2	3	3	3	4	4	5	5	5
93	0	1	1	2	2	2	3	3	3	4	4	4	5	5
94—95	0	1	1	2	2	2	3	3	3	4	4	4	5	5
96	0	1	1	2	2	2	3	3	3	4	4	4	4	5
97	0	1	1	2	2	2	2	3	3	3	4	4	4	5
98	0	1	1	1	2	2	2	3	3	3	4	4	4	5
99	0	1	1	1	2	2	2	3	3	3	4	4	4	4
100	0	1	1	1	2	2	2	3	3	3	3	4	4	4
	16	*17/18*	*19*	*20*	*21*	*22*	*23*	*24*	*25*	*26*	*27*	*28*	*29*	*30*

Degrés du thermomètre centigrade.

Du cubage des arbres.

Le volume réel d'un arbre en grume, considéré comme un cylindre, est égal au produit de la base par la hauteur, soit $\pi R^2. H$.

Le signe π représente le rapport de la circonférence au diamètre Sa valeur approchée égale 3,1415926.

R^2 est le carré du rayon, ou le rayon moyen multiplié par lui-même.

H représente la hauteur.

Pour appliquer cette formule au cubage d'un arbre, il faut multiplier la valeur de π par le carré du rayon, et le produit sera ensuite multiplié par la hauteur de l'arbre.

Mais il serait plus facile d'obtenir le volume de cet arbre par la formule ci-après, où π n'entrerait pas comme facteur :

$$\frac{CR}{2} \times H.$$

Dans celle-ci, on multiplie la circonférence par le rayon, on prend la moitié du produit qu'on multiplie par la hauteur de l'arbre : ou, ce qui est plus simple encore, on multiplie la circonférence par la moitié du rayon et on élève au cube par la hauteur de l'arbre.

Si on avait à évaluer la solidité d'un cône, on prendrait le tiers du produit obtenu par l'une des formules ci-dessus, en faisant remarquer qu'il faudrait prendre la circonférence de la base et non la circonférence moyenne, car la solidité d'un cône égale le produit de la base par le tiers de la hauteur :

Soit : $\frac{1}{3} \pi R^2 H$.

Pour déterminer le volume d'un tronc de cône, il faut appliquer la formule suivante :

$$V = \frac{1}{3}. \pi H (R^2 + r^2 + Rr)$$

ce qui signifie qu'il faut multiplier π ou 3,1415 par la hauteur, puis multiplier ce produit par la somme de tous les nombres entre parenthèses, qui sont :

Le carré du rayon inférieur ;

Plus le carré du rayon supérieur ;

Plus le produit du rayon inférieur par le rayon supérieur.

On fait la somme de ces nombres qu'on multiple par le produit de 3,1415 par la hauteur, et l'on prend le tiers du produit total. Indépendamment des formules qui précèdent, et selon la destination à donner aux bois, le commerce a adopté les modes de cubage ci-après :

Le $\frac{1}{4}$ de la circonférence moyenne (cubage au $\frac{1}{4}$ sans déduction).

Le $\frac{1}{4}$ des $\frac{4}{5}$ de la circonférence (cubage au 5e déduit).

Le $\frac{1}{4}$ des $\frac{5}{6}$ de la circonférence (cubage au 6e déduit).

Opérations de cubage.

Soit à cuber comme cylindre, au volume réel, un arbre dont la circonférence moyenne serait de 0 m. 80 et la hauteur 7 mètres.

La circonférence connue étant au diamètre comme 22 est à 7, on fera la proportion suivante :

$$22 : 7 :: 0{,}80 : x = 0{,}254545 \text{ (diamètre)}$$

0,127272 (rayon)

0,063636 (1/2 rayon)

à multiplier par la circonférence 0,80

000000
509088

0,05090880

à multip. par la h^{r} de l'arbre 7 m.

0,35636160

Le volume de cet arbre est donc de 0,356 décimètres cubes, en ne conservant que les trois premiers chiffres décimaux qui représentent les décimètres cubes.

Cubage au 1/4 de la circonférence moyenne sans déduction.

Soit à cuber un arbre de 2 mètres de circonférence moyenne et de 20 mètres de hauteur :

2 m.
le quart de 2 = 0.50
à multiplier par 0.50
00
250
2500
à multiplier par la hauteur 20
0000
5000
5,0000 séparant par une virgule quatre décimales, on a pour produit 5 m. cubes.

Cubage au 5e déduit.

Pour cuber un arbre au 5e déduit, on retranche le 5e de la circonférence moyenne ; on prend le quart du restant, on le multiplie par lui-même et on élève au cube par la hauteur.

Exemple : soit à cuber un arbre de 2 mètres de circonférence moyenne et de 20 mètres de hauteur.

Pour déduire le 5e de la circonférence, je vais diviser 2 par 5.

2,0 | 5
| 0,4 ce quotient = le 1/4 du restant de la circonférence, car de 2,0
ôtant 0,4
il reste 1,6
dont le 1/4 = 0,4

on multiplie 0,4 par 0,4 et le produit par la hauteur 20.

0,4
à multiplier par 0.4
0,16
à multiplier par 20
00
32
3,20

On a donc pour résultat 3 mc. 20 centièmes de mètre cube, ou sans en changer la valeur 3 mc. 200 dc.

4***

Pour cuber un arbre au 6 déduit on déduirait, le 6e de la circonférence moyenne ; on prendrait le 1/4 du restant qu'on multiplierait par lui-même, et on élèverait au cube par la hauteur.

Bois du Nord.

Les Madriers sont des pièces mesurant de			10 × 30 à 8 × 20	inclus.
— Battens	—	—	8 × 18 à 6 1/2 × 15	—
— Poutrelles	—	—	10 cq. à 23 × 23	—
— Poutres	—	—	plus de 23 × 23	—
— Planches	—	—	6 × 18 à 4/4 × 10	—
—	4/4 de 25 à 27 millim.	d'épaisseur.		
	5/4 de 32 à 34	—		
	6/4 de 39 à 39	—		

Nombre de mètres nécessaires dans les bois de sapin pour faire mille kilos et un stère.

Dimensions.	Mille kilos.	Un stère.	Dimensions.	Mille kilos.	Un stère.
10 × 23	82	43	6/4 × 18	280	140
8 × 28	90	44	6/4 × 15	310	167
8 × 23	110	55	5/4 × 23	240	135
8 × 20	127	63	5/4 × 20	276	152
8 × 18	140	70	5/4 × 18	324	170
8 × 15	160	80	5/4 × 15	374	203
6 1/2 × 23	128	67	4/4 × 14	450	253
6 1/2 × 18	167	86	4/4 × 23	330	175
6 1/2 × 17	170	91	4/4 × 20	381	200
6 1/2 × 15	200	103	4/4 × 18	420	223
6 1/2 × 18	187	95	4/4 × 15	480	267
5 × 23	151	87	4/4 × 14	520	335
5 × 20	174	100	4/4 × 12 1/2	580	406
5 × 18	192	115	4/4 × 11 1/2	630	447
5 × 15	235	134	4/4 × 10	660	476
6 1/4 × 23	220	109	Lattes	2.100	1.250
6 1/4 × 20	250	126			

Poids moyen d'un mètre cube de diverses essences de bois.

	kilos.		kilos.
Abricotier.	890	Cèdre rouge.	640
Acacia d'Europe . . .	800	Cerisier.	700
Alisier.	940	Chêne noir d'Europe. .	800
Amandier.	990	Chêne liège.	865
Arbousier.	825	Chêne d'Algérie . . .	960
Aubépine.	650	— rouge d'Australie	1.320
Aulne.	545	Cognassier.	850
Cèdre jaune Guyane. .	400	Cormier.	900

	kilos		kilos
Cytise.	940	Peuplier.	450
Cyprès (Amérique)	800	Pin du Nord.	
Erable.	705	Sapin blanc,	560
Frêne.	800	Sapin rouge.	
Hêtre.	650	Pitchpin d'Amérique.	800
Houx.	815	Poirier	760
If.	1.000	Platane.	510
Mûrier	700	Pommier.	880
Noyer.	800	Sapin rouge d'Espagne.	850
Olivier	855	Tilleul.	450
Orme.	760	Tremble.	510

Densité des corps.

Acide nitrique.	1,271	Fonte.	7,000
Acier non trempé.	7.829	Glace.	0,920
Acier écroui trempé.	7.813	Grès pour pavés.	2,416
Alcool absolu.	0,792	Houille à l'encombrement.	0,800
Ammoniaque.	0,897		
Anthracite.	1,800	Houille compacte.	1.329
Ardoise.	2,853	Huile de lin.	0,940
Argent pur fondu.	10,474	Huile d'olive.	0,915
Argent pur forgé.	10,511	Iode.	4.948
Argile et boue.	1,700	Lait.	1.030
Asphalte.	1,336	Laiton.	8.395
Beurre.	0,942	Liège.	0,240
Bière.	1,024	Machefer.	0,800
Bismuth.	9,822	Marbre de Paros.	2.837
Bois blanc.	0,400	Mercure.	13.598
Brique.	1,200	Miel.	1,450
Bronze.	8,900	Mortier.	1,720
Cailloux.	1,400	Bitume liquide.	0,847
Caoutchouc.	933	Nickel.	8.279
Charbon de bois en tas	0,250	Or pur fondu.	19,258
Chaux ordinaire.	3,000	Or pur forgé.	19,362
		Phosphore.	1,770
Chaux sulfatée (cristallisée).	2,311	Platine écroui.	23.000
Chêne.	0,600	Platine forgé.	20,336
Cire.	0 960	Plomb.	11,352
Coke au four.	0,400	Potassium.	0,858
Cristal de St-Gobain.	2,488	Poudre de guerre.	0,858
Cuivre fondu.	8,788	Résine.	1,070
Eau de pluie distillée.	1,000	Schiste.	2,672
Eau-de-vie à 19°.	0,942	Sodium.	0 973
		Soufre natif.	2,033
Esprit de bois (alcool méthylique).	0,798	Sucre.	1 606
		Suif.	0,942
Essence de térébenthine.	0,870	Verre.	2 488
Etain fondu.	7,291	Vinaigre.	1,019
Ether sulfurique.	0.715	Vin de Bordeaux.	0,994
Fer fondu.	7,707	Vin de Bourgogne.	0,921
Fer forgé en barres.	7,788	Zinc fondu.	6,861

Tableau des fers carrés et des fers ronds

Depuis 1 millimètre jusqu'à 11 centimètres de grosseur pour les fers carrés et depuis 1 millimètre jusqu'à 10 centimètres de diamètre pour les fers ronds avec leur poids pour 1 mètre de longueur.

DIMENSION ou diamètre.	POIDS				DIMENSION ou diamètre.	POIDS			
	Carrés.		Ronds.			Carrés.		Ronds.	
millim.	kil.	gr.	kil.	gr	millim.	kil.	gr.	kil.	gr.
1	0	008	»	»	37	10	662	8	377
2	0	031	0	024	38	11	246	8	836
3	0	070	0	055	39	11	806	9	307
4	0	125	0	098	40	12	451	9	791
5	0	195	0	158	41	13	092	10	280
6	0	280	0	220	42	13	738	10	794
7	0	382	0	300	43	14	400	11	314
8	0	498	0	392	44	15	078	11	846
9	0	631	0	496	45	15	771	12	391
10	0	779	0	612	46	16	479	13	048
11	0	942	0	740	47	17	204	13	517
12	1	121	0	881	48	17	944	14	098
13	1	316	1	034	49	18	699	14	692
14	1	526	1	199	50	19	470	15	296
15	1	752	1	377	51	20	257	15	916
16	1	994	1	506	52	21	059	16	546
17	2	251	1	768	53	21	876	17	183
18	2	523	1	983	54	22	710	17	813
19	2	811	2	209	55	23	559	18	510
20	3	115	2	448	56	24	423	19	189
21	3	435	2	698	57	25	303	19	881
22	3	769	2	962	58	26	199	20	458
23	4	120	3	237	59	27	110	21	200
24	4	486	3	525	60	28	036	22	028
25	4	868	3	824	61	28	979	22	769
26	5	265	4	136	62	29	937	23	521
27	5	677	4	461	63	30	911	24	286
28	6	106	4	797	64	31	900	25	063
29	6	550	5	146	65	32	884	25	853
30	7	009	5	507	66	33	925	26	654
31	7	484	5	880	67	34	900	27	468
32	7	975	6	266	68	35	012	28	294
33	8	481	6	664	69	37	079	29	133
34	9	003	7	074	70	38	161	29	983
35	9	540	7	496	71	39	259	30	846
36	10	093	7	930	72	40	373	31	721

DIMENSION ou diamètre.	POIDS				DIMENSION ou diamètre.	POIDS			
	Carrés.		Ronds.			Carrés.		Ronds.	
millim.	kil.	gr.	kil.	gr.	millim.	kil.	gr.	kil.	gr.
73	41	502	32	548	87	58	947	46	315
74	42	647	33	508	88	60	310	47	380
75	43	806	34	119	89	61	689	48	469
76	44	983	35	343	90	63	088	49	563
77	46	176	36	280	91	64	486	50	671
78	47	382	37	228	92	65	918	51	791
79	48	665	38	189	93	67	358	52	923
80	49	843	39	162	94	68	815	54	067
81	51	097	40	147	95	70	287	55	224
82	52	367	41	144	96	71	774	56	393
83	53	632	42	154	97	73	262	57	574
84	54	952	43	176	98	74	776	58	644
85	56	208	44	210	99	76	330	59	972
86	57	600	45	256	100	77	880	61	192

TABLE ALPHABÉTIQUE

TABLE ALPHABÉTIQUE

Abonnements, 34.
— commercial, 35,
– industriel, 35.
Acquit-à-caution, 43, 44, 47.
Acte de vente d'objets saisis, 113.
Affiche annonçant la vente d'objets saisis, 112.
Agents chargés des recettes et des dépenses de l'octroi, 78.
Alcoométrie, 122, 123, 124, 125, 126, 127, 128, 129, 130.
Allumettes, colportage d'allumettes, 93.
Alcools, vermouts, vins de liqueur et produits assimilés, 47, 48, 51, 62, 63, 64, 65, 67, 68, 69, 70, 71, 72, 73, 74, 75, 76.
— Enlèvement sans expédition, 94.
— Introduction sans déclaration, 94, 95.
Amendes pour divers délits, 80
— pour contraventions aux droits d'octroi, 81, 83
Avances des frais judiciaires, 86.
Barèmes divers, 115.
Bateaux de louage, 18.
Bois de diverses essences, poids moyen d'un mètre cube, 138.
Bois du Nord, dimensions, 138.
— nombre de mètres nécessaire pour faire 1.000 kilos et 1 stère, 138.
Boissons et liquides, 3, 14, 21, 43, 44, 45, 46, 47, 48, 49, 50, 51, 73, 74, 75, 78, 92.
-- Enlèvement sans expédition, 94.
Bordereau de versement donnant le résultat des perceptions effectuées par nature de registre G, 10, 52, 73, 76.
Bordereau G, reproduisant les indications de l'état R, relativement aux versements des recettes d'octroi, 10, 73.
Brigadiers, 7, 10.
Buffet des gares, 18.
Bulletins DD, destinés à accompagner les objets en transit, 57.
Bureaux d'octroi, 5.
Cautionnements des receveurs ou préposés comptables et fermiers des octrois, 79.
— Cautionnement mutuel, 79.
Chasse, 18, 96.
Chefs de train, 17.
Colis postaux, 19.
Combustibles, 3, 23.
Comestibles, 3, 22.
Commission, 13.
Compagnies de chemins de fer, 18, 19.
Compagnies de transport, 19.
Comptabilité des octrois, 52.
— Arrêté ministériel du 20 juin 1889, 77.
Conducteurs de voiture, 15, 16.

Conducteurs de voiture.
— Refus de s'arrêter, 16.
— Refus de laisser visiter, 16.
— Consentement tardif, 16.
Congé, 6, 43, 47.
— du registre 1er, 47.
Congé 4 B, 48.
Congé 4 C, 48.
Congé 4 E, 48.
Consignations sur passe-debout, 84.
Contentieux, 89.
Contraventions, 13, 92.
— à la circulation des boissons, 94.
— à l'entrée des boissons, 94.
Contrôle et rectification des déclarations, 115.
Contrôleurs, 7.
Contrôle et rectification des déclarations, 115.
— Procédés divers, 115.
Courriers de l'Administration des postes, 17.
Création des octrois, 1.
Cubage des arbres, 135, 136, 137.
Déballage des marchandises, 15.
Déchargement ou introduction à domicile dans un lieu où la perception s'effectue à un bureau central sans paiement des droits d'octroi, procès-verbal, 99.
Déclaration des redevables, 12, 14.
— refus, 15, 105.
— fausse, 15, 100, 101.
— insuffisante, 15, 100, 101.
Densité des corps, 139.
Diligences, 16.
Droits d'entrée au profit du Trésor, 1.
— dans les communes suivant la population agglomérée, 50.
Droits de location des places dans les halles, marchés, abattoirs, 80.
Droits de péages communaux, pesage, mesurage et jaugeage, 80.
Droits des préposés d'octroi, 20.
Droit général de consommation, 50.
Empotement, 115.
Entrepositaires, 10.
Entrepôt, 28.
— commercial, 28.
— réel, 29.
— fictif, 30.
— certificat de sortie, 32.
— entrepôt industriel, 33.
— déclarations. Reg. D, 57, 58.
— enlèvements. Reg. DD, 59, 60.
Escorte de chargement, 26.
Etat E *ter*, récapitulant les volants des acquits ou congés et classés au bureau central par catégories, 61.
Etats R et **R** *bis*, remis au receveur central par le receveur municipal en échange des pièces autorisant le paiement des frais de perception, 10.
Etat 34, remis en fin d'année par le receveur principal au receveur central, et présentant le montant des remises allouées par l'Administration des contributions indirectes aux préposés d'octroi pour la perception des droits dus à la régie, 10.
Etat 79 B, produit par le receveur principal, et devant concorder avec le registre 33 du receveur central, 11.
Exemption de droits, 36, 37, 38, 39, 40, 41, 42, 43.
Expéditions délivrées par la recette buraliste, 14.
Fausse déclaration à l'octroi de l'espèce des objets introduits ; procès-verbal, 101.
Fausse déclaration de l'introduction de la quantité des objets compris au tarif de l'octroi ; procès-verbal, 100.
Fausse déclaration d'objets récoltés dans l'intérieur d'une ville à octroi ; procès-verbal, 108.
Ferme, 4.
Feuilles F et **F** *bis*, 52.
Fiacres, 16.

Fourgons, 16.
Fourrages 3, 23.
Galiotes, 18.
Gare de chemin de fer, 18
Gibier, 18, 96.
Hottes, 17.
Halles et marchés, droit de location des places, 80.
Impressions, 10.
Instruments, 10.
Interpellation des introducteurs, 12.
Introduction sans déclaration d'objets compris au tarif de l'octroi !2 93, 94, 95, 96, 97.
— procès-verbal, 98.
Jaugeage :
— Jauge à ruban. 116.
— Jauge brisée en fer, 117.
— Jauge en bois à ressort, 119.
— Jauge en bois à ressorts munie d'un crochet articulé en cuivre, 119.
— métrique 120, 121, 122.
Juges de paix, 89
Laissez-passer, 43.
— 3 D, 46.
Limites de l'octroi, 4.
Livre de détail spécial des recettes et des dépenses de l'octroi, 82.
Maires, 10, 89 90.
Matériaux, 3, 24, 34.
Matricules, 10.
Mistelles, 48, 51 74, 75, 76.
Modèle d'ordonnance autorisant une visite domiciliaire dans les locaux d'habitation, 110.
Modèle G *bis*, 7 9.
— **G** *ter*, 57.
— **G** *quater*. 57.
Modèle H, 7.
Modèle K *bis*, 8.
Modèle P, 10
Modèle P *bis*, 10.
Modèle S *bis*, bordereau de versement à la recette principale du produit des recettes, 10.
Objets divers, 3, 25.
Obligations des contribuables, 14.
Octrois, contraventions, 13, 92, 93.
Officier de police, 17.
Opposition à l'exercice des fonctions des préposés d'octroi, 20.
— Injures, rébellions, voies de fait pénalités, 20.
— Refus de laisser visiter, 20, 105.
Ordonnance autorisant une visite domiciliaire dans les locaux d'habitation, 110.
Ordre de visite, 111.
Origine des octrois, 1.
Paniers, 17.
Passavant, 43.
Passe-debout, 25.
— intercommunal, 56.
— soustraction ou décharge frauduleuse, 26.
Pêche, 96.
Perception des droits 4, 11.
— ne dépassant pas 0,50 c., 62.
Perception par l'Administration des contributions indirectes, 4
Perquisitions, 15.
Personnel.
Préposé en chef, 6.
Préposé principal 6.
Contrôleurs 7.
Brigadiers, 7-10.
Préposés surveillants, 7-12.
Pesage des fûts, 115.
Pesage des liquides, 122.
Port d'armes, 13.
Poteaux d'octroi, 4, 5.
Préfet, 2, 6, 89.
Préparation, fabrication ou récolte sans déclaration, dans l'intérieur d'une ville à octroi : procès-verbal, 107.
Préposé en chef, 6.
Préposé principal, 6.
Préposés surveillants, 7, 12.
Présentation à la sortie de l'octroi d'objets autres que ceux déclarés au passe-debout ; procès-verbal, 103.
Procédés divers pour le contrôle et la vérification des déclarations, 115.
Procès-verbaux, 89.
— Formules, 89, 98, 99, 100, 101, 102, 103, 104, 105, 106.

Procès-verbaux. 107, 108, 109, 110, 111, 112, 113, 114.
— Acte de vente d'objets saisis, 112.
— Affiche annonçant la vente d'objets saisis, 112.
— Déchargement ou introduction à domicile dans un lieu où la perception s'effectue à un bureau central sans paiement des droits d'octroi, 99.
— Fausse déclaration à l'octroi de l'espèce des objets introduits, 101.
— Fausse déclaration de l'introduction de la quantité des objets compris au tarif de l'octroi, 100.
— Fausse déclaration d'objets récoltés dans l'intérieur d'une ville à octroi, 108.
— Introduction sans déclaration d'objets compris au tarif d octroi, 98.
— Ordonnance autorisant une visite domiciliaire dans les locaux d'habitation, 110.
— Ordre de visite. 111.
— Préparation, fabrication ou récolte sans déclaration, dans l'intérieur d'une ville à octroi, 107.
— Présentation à la sortie de l'octroi d'objets autres que ceux déclarés en passe-debout, 103.
— Rapport constatant en matière d'octroi les saisies d objets d'une valeur de 10 francs et au-dessous au préjudice d'inconnus, 106.
— Refus à l'entrée d une localité à octroi de souffrir la vérification des voitures, 105
— Refus par un entrepositaire de souffrir les visites des préposés de l'octroi, 104.
— Régie intéressée ou en ferme, 98.
— Régie simple 98.
- Réquisition à la force publique ou aux autorités civiles, 113.

Procès-verbaux.
— Requête pour faire désigner l'établissement de bienfaisance auquel le gibier saisi doit être livré, 114.
— Requête pour obtenir l'autorisation de vendre des objets saisis sujets à dépérissement, 111.
— Réquisition à la gendarmerie ou à la police pour faire conduire devant l'autorité compétente un contrebandier en état d'arrestation, 113.
— Réquisition au juge de paix ou au commissaire de police, 110.
— Saisie de boissons pour le transport sans expédition, 106.
— Saisie en matière de contributions indirectes, 98.

Rapport constatant en matière d'octroi les saisies d'objets d'une valeur de 10 francs et au-dessous au préjudice d'inconnus ; procès-verbal, 106.

Rebellion, injures, outrages, 20, 97.

Recettes de l'octroi ; diverses, 77.
— ordinaires, 77, 87.
— accessoires, 77, 87.
— d'ordre, 77, 87.
— Agents qui en sont chargés, 78.

Receveurs, 7, 11, 53.

Receveur central, 7. 8. 10.

Receveurs municipaux, 78, 81, 82, 86, 87.

Recherches, 15.

Refus à l'entrée d'une localité à octroi de souffrir la vérification des voitures ; procès-verbal, 105.

Refus par un entrepositaire de souffrir les visites des préposés de l'octroi ; procès-verbal, 104.

Régie, 73, 77.

Régie intéressée, 4, 98.

Régie simple, 4, 98.

Registre A, sur lequel sont inscrites les déclarations d'objets donnant lieu à une recette immédiate, 52 53, 54.

Registre 1-10 A, servant à l'enregistrement des droits de circulation perçus sur les vins parvenus dans une ville rédimée, accompagnés d'un acquit-à-caution au lieu d'un congé, 52 62.

Registre B, destiné à recevoir les déclarations des personnes qui ne font que traverser la ville avec des objets assujettis seulement au droit d'octroi ou qui doivent y séjourner moins de 24 heures, 9, 52, 54, 55.

Registre B *bis* ; passe-debout intercommunal, 56.

Registre BB, sur lequel on doit inscrire au jour le jour, et au fur et à mesure des opérations, toutes les consignations de droits d'octroi constatés sur le registre de passe-debout ainsi que les dépenses résultant des remboursements, des conversions en perception définitive et des versements au receveur municipal 52, 56, 57.

Registre 4 B-10, destiné à la perception des droits d'entrée de consommation et d'octroi sur les eaux-de-vie esprits, liqueurs ou fruits à l'eau-de-vie introduits dans les villes d'une population agglomérée de 4.000 habitants et au-dessus, et dans les localités où il existe des taxes d'octroi sur l'alcool, 52, 67

Registre C, destiné à recevoir les déclarations des porteurs de passe debout obligés de séjourner plus de 24 heures, 9 52, 57.

Registre 4 C-10, destiné à la perception des droits locaux d'entrée et de consommation sur les spiritueux de toute nature et de la surtaxe sur les absinthes bitters, amers et similaires, accompagnés d'acquits-à-caution roses, introduits dans les villes d'une population agglomérée de 4.000 habitants et au-dessus, et dans les localités où il existe des taxes d'octroi sur l'alcool, 52, 62, 63, 64, 65, 66.

Registre D, destiné à enregistrer les déclarations d'introduction d objet passibles du droit d'octroi seulement, faites par les contribuables autorisés à jouir du bénéfice de l'entrepôt 9, 57.

Registre DD, destiné à recevoir les déclarations d'enlèvement faites par les entrepositaires pour les objets non soumis aux droits du Trésor, 9, 52, 59.

Registre E, registre des objets soumis aux droits d'octroi seuls, 61.

Registre E *bis*, destiné à enregistrer les sorties de vins faites par les entrepositaires, 61.

Registre 4 E 10, destiné à la perception des droits locaux et de consommation sur l'alcool des vins de liqueur, vins d'imitation, vermouts, etc., introduits dans les villes d'une population de 4.000 habitants et au dessus et dans les localités où il existe des taxes d'octroi sur l'alcool, 52, 73

Registre N, tenu par le receveur central, 9.

Registre T ou du Petit Comptant, 62

Registre 33, tenu par le receveur central, 10.

Registre 33 B, présentant le relevé mensuel des perceptions opérées pour le compte de la Régie, 52, 73.

Registre 11, pour l'inscription des préparations à base alcoolique en cours de transports

entrant dans les lieux sujets pour y séjourner temporairement, ou destiné à des entrepositaires sans qu'il y ait eu de déclaration préalable d'entrepôt, 68.
Registre n° 15, destiné à la constatation des sorties de boissons, 70.
Règlements d'octroi, 13.
Remises attribuées aux préposés d'octroi, 85.
Répartition des amendes, 81, 90, 91.
Requête à établir sur timbre à 0 fr. 60, tendant à obtenir l'autorisation de procéder à une perquisition dans les locaux d'habitation, 109.
Requête pour faire désigner l'établissement de bienfaisance auquel le gibier saisi doit être livré, 114.
Requête pour obtenir l'autorisation de vendre des objets saisis sujets à dépérissement, 111.
Réquisition à la force publique ou aux autorités civiles, 113.
Réquisition à la gendarmerie ou à la police pour faire conduire devant l'autorité compétente un contrebandier en état d'arrestation, 113.
Réquisition au juge de paix ou au commissaire de police, 110.
Sacs, 17.
Saisie de boissons pour transport sans expéditions ; procès-verbal, 106.
Saisie en matière de contributions indirectes ; procès-verbal, 98.
Saisies en matière d'octroi, 83.
Sonde, 12.
Sorties : Objets soumis aux droits d'octroi seuls, reg. E, 61.
— Vins, Reg. E *bis*, 61.
— Classements des volants d'acquits ou congés 61.
Spiritueux, 47, 51, 58, 75, 76.
Surveillances, 12.
Tableau des contraventions, 92, 93, 94, 95, 96, 97.
Table des corrections à faire subir au degré apparent indiqué par l'alcoomètre pour obtenir la richesse de liquides spiritueux à la température de 15 degrés centigrades, 131, 132, 133, 134
Tableau des fers carrés et des fers ronds, 140.
Tableau des segments des fûts cylindriques couchés, 121.
— Manière de s'en servir, 122.
Tarifs de l'octroi, 1, 5, 21, 22, 23, 24, 25.
Taxes de remplacement, 3.
Thermomètres, 127.
Tickets, 62.
Titre de mouvement, 43.
Tolérances à la circulation de boissons par petites quantités, 45.
Traitements, 6.
Tramways, 18.
Transactions, 89.
Transit, 27.
Tribunal civil de première instance, 89.
Vélocipèdes, 96.
Vendanges, 47.
— Enlèvement sans expédition, 93.
Vérifications, 12, 15.
Vérification des contenances, 115.
Vermouts, 47, 51, 74.
Vins, cidres, poirés, hydromels, 46, 51, 58, 61, 62.
— Enlèvement sans expédition, 93.
Vins de liqueur et d'imitation, 47, 51, 73, 74, 75, 76.
Visites, 15.
Vente d'objets saisis, 112.
— dans les entrepôts, 86
Voies de fait, 20, 97.
Voitures de louage, 16.
Voitures particulières, 16.
Voitures publiques, 16.
Voyageurs à pied ou à cheval, 17.

TABLE DES MATIÈRES

NOTIONS GÉNÉRALES SUR L'OCTROI 1
Origine de l'octroi. 1
Création des octrois. 1
Tarif des octrois. 2
Perception des droits ; ses diverses formes. 4
1° La régie simple. 4
2° La régie intéressée. 4
3° La ferme. 4
4° La perception par l'Administration des contributions indirectes. 4
Limite des octrois. 4
ORGANISATION ET FONCTIONNEMENT DE L'OCTROI. 6
Personnel. 6
Devoirs des employés d'octroi. 7
OBLIGATIONS DES CONTRIBUABLES A L'ENTRÉE DES VILLES SUJETTES A L'OCTROI. 14
I. — Règles générales. 14
II. — Tarif. 21
III — Exceptions. 25
1° Du passe-debout 25
2° Du transit. 27
3° De l'entrepôt. 28
a) De l'entrepôt commercial 28
b) De l'entrepôt industriel 33
4° Abonnements. 34
5° Exemption de droits 36
6° Règles spéciales aux boissons. 43
Tolérances à la circulation des boissons par petites quantités. 45
Vins, cidres, poirés et hydromels 46
Vendanges 47
Alcools, vermouts, vins de liqueur et produits assimilés. 47
Droits d'entrée dans les communes suivant la population. 50
COMPTABILITÉ DES OCTROIS. 52
Registre A. — Déclaration donnant lieu à une recette immédiate. 52
Registre B. — Passe-debout. 54
Registre B bis. — Passe-debout intercommunal. 56

Registre BB -- Compte des consignations et remboursement de passe-debouts. 56
Registre C. — Tra sit. 57
Registre D — Entrepôt. 57
Registre DD. — Déclarations d'enlèvement des entrepositaires 59
Registre E. — Registre de sortie des objets soumis aux droits d'octroi seuls. 61
Registre E bis. — Sorties de vins par les entrepositeurs . . 61
Etat E ter — Classement des volants Les acquits ou congés 61
Registre T ou du Petit comptant. 62
Tickets. 62
Registre 1-10 A. — Perception du droit de taxe unique de circulation et d'octroi sur les vins, cidres, etc 62
Registre 4 C-10 — Perception des droits locaux d'entrée et de consommation sur les spiritueux de toute nature et de la surtaxe sur les absinthes, amers, etc . . . 62
Registre 4 B-10. — Perception des droits d'entrée et de consommation sur les eaux-de-vie, esprits, liqueurs, etc., introduits dans les villes de plus de 4 000 habitants ou soumises aux droits d octroi. 67
Registre 11. — Préparations à base alcoolique, entrant temporairement, ou à destination des entrepositaires. . 68
Registre 15. Droits d'entrée. 70
Registre 33 B. Relevé mensuel des perceptions opérées pour le compte de la régie. 73
Bordereau G. — Donnant le résultat des perceptions effectuées par nature de registre 73
Registre 4 E-10. — Perception des droits locaux de consommation sur l'alcool des vins de liqueur, d'imitation, vermouts, dans les villes de plus de 4 000 habitants ou à octroi. 73
Extrait de l'arrêté ministériel du 20 juin 1859 concernant la comptabilité des octrois 77
Recettes diverses de l'octroi 77
Agents chargés des recettes et des dépenses de l'octroi . 78
Cautionnements des receveurs ou préposés comptables et fermiers des octrois 79
Association du cautionnement mutuel. 79
Droits de location des places dans les halles, marchés, abattoirs, etc — Droits de péages communaux, pesage mesurage et jaugeage. 80
Amendes pour divers délits. 80
Amendes pour contravention aux droits d'octroi. 81
Livre de détail spé ial des recettes et des dépenses de l'octroi 82
Saisies et amendes en matière d'octroi. 83
Consignations sur passe debout 84
Remises attribuées aux préposés de l'octroi. 85
Ventes faites dans les entrepôts 86
Avances des frais judiciaires 86
Justification des comptes d'Octroi du receveur municipal. 87
Contentieux. 89
Juridiction 89

Procès-verbaux. 89
Répartitions 90
Tableau des contraventions. 92
Formules de procès-verbaux. 98
CONTROLE ET VÉRIFICATION DES DÉCLARATIONS. 115
Procédés divers. 115
Ustensiles 115
Vérification des contenances 115
Jauges. 116
Tableau des segments des fûts cylindriques couchés. 121
Pesage des liquides. 122
Alcoométrie. 126
Table de correction. 131
Du cubage des arbres. 135
Dimensions des bois du Nord. 138
Rapport du cube au kilo dans les diverses essences de bois. 138
Poids moyen d'un mètre cube de diverses essences de bois. 138
Densité des corps. 139
Tableau des fers carrés et des fers ronds. 140
Table alphabétique. 142

www.ingramcontent.com/pod-product-compliance
Ingram Content Group UK Ltd.
Pitfield, Milton Keynes, MK11 3LW, UK
UKHW021941200726
13856UKWH00005B/853